徳川家康
弱者の戦略

磯田道史

文春新書

1389

はじめに――家康はどうしたのか！

「徳川家康の生きざまとか、歴史のことを知りたいが、**歴史の本は難しい。細部が多すぎて、分かりにくい。時代背景がわかるよう要点を書いてほしい**」。妻がそう私に言いました。娘も「パパの本はちょっと難しい」と言いました。ＮＨＫの大河ドラマ『どうする家康』を観るのに、「ほんとうの家康はどうだったのか」を知りたいようでしたが、良い本がなさそうです。

学者の難しい歴史も大事です。ドラマや小説と違い、「史実」がそこにはあります。しかし、細部に入りすぎるのが困り物です。読者が「木を見て森を見ず」どころか、「枝葉だけ見せられ、木も見えない」話になりかねません。この反省に立って、私は、勇気をふるって、徳川家康の本を書くことにしました。歴史の細部、枝葉は大事ですし、面白いものです。なんとか、**歴史の「枝葉」を生かしながら全体像の「山」をも見せる徳川家康の本**ができないものだろうか、と考えました。

悩みながら書き上げたのが、本書です。とにかく、わかりやすくしました。歴史学者に「それをやれ」といっても無理ですが、要点だけを書きました。ここで「要点」としたのは、

――**家康は、三河の弱小大名であったのに、なぜ・どうやって天下を手に入れ、しかも二百六十年も続く、政権を築けたのか？**

――**読者の参考になるように、家康のその「弱者の戦略」をみてもらう。**

これだけです。家康の歴史の細部を学ぶ本ではなく、家康の後ろ姿から、今を生きる人々が何かを得られる本にしたい。そう思っています。今の世の中、善良な人々が誠実にがんばっても報われない仕組みもあります。職場でも世間でも、弱者としての生存戦略がなければ、ひどい目に遭わされかねません。

この本は、誠実に生きているみなさんの「**パブリック・ヒストリー**」としたいのです。パブリック・ヒストリーとは近年、学界でも重視されはじめた概念です。「**生きるみんなのための歴史**」とでもいいましょうか、専門家のものになりがちな歴史をひろく活かす営みです。家康の経験を「楽しい。面白い。知りたい」でも、いいのです。家康の妻子との家庭事情から「何か学べた気がする」。それでもいいのです。この本は、「**家康でもってす**

るパブリック・ヒストリー（みんなが生きるための歴史）」でありたいと思っています。ようは、**人生の参考書としての徳川家康**です。

そこで大切にしたい視点があります。専門家の難しい歴史書は「史実」の追求に血眼《ちまなこ》になります。それをあまりやりすぎると、読者が置いてけぼりになってしまいます。史実も大切ですが、史実には必ず「尾ひれ」がつきます。学者は必ず、その尾ひれを切り捨てるトリミングをしてしまいます。「素朴一次史料主義」というやつです。当時の一次史料だけを確かな史料とみなし、後世の史料や伝聞の記録を全部捨てます。見向きもしません。

しかし、それでは、かえって歴史の真には迫れないのです。というのも、歴史は伝えられるなかで尾ひれがつきますが、その尾ひれのつきかたにこそ、歴史時代の人々の心があらわれる面もあるからです。ですから、この本では、一次史料だけでなく、二次的な記録が伝えるものも、なるべく紹介します。ただ、後世の記録は史実として、そのまま信じるわけにはいきません。この本を読むにあたっては、語尾の「と伝えられています」、「という伝説があります」といった表現にご注意ください。それは史実なのか、伝聞・伝承の類《たぐい》か、それとも、**史実ではない伝説にすぎないのかを、語尾の表現で示しています。**

また、この本では随時、学術的に価値のある一般歴史書も紹介していきます。史実の細部を掘り下げたい読者は、そちらも参考にしてください。歴史学界でいう「先行研究」と「最新研究」というやつです。現在、学界では、家康のその史実について、どんな話がなされているかも、文中に示しておきます。

家康は弱小大名でした。弱かったので、戦場で負けて逃げることもしばしばで、最初の妻子は殺す羽目にもなりました。それでも、起きあがって、この国のてっぺんに座ったのです。「どうする家康」も面白いのですが、この本には「家康はどうしたのか」が書いてあります。**読者のみなさんの人生は一度きりで大切なものです。信長や秀吉のような力強い他人に振り回されず、ぜひ自分の人生を自分のものにしてください。**この本がその参考書のひとつになれば、幸いです。

磯田道史

徳川家康　弱者の戦略◎目次

第一章　「境目の土地」三河という運命

二〇二三年のＮＨＫ大河ドラマは『どうする家康』で、もちろん主人公は徳川家康です。戦国の世を終わらせ、長い平和をもたらした家康の人間味には、私も日本史の研究者として興味があり、四年ほど、彼の旧領であった浜松に移住してみて、その生涯の細部を調べたほどです。

　これまでにも多くの小説家、歴史家が家康の生涯を描いていますが、そうした従来の家康像、ことに若き日の家康の描き方には、あるパターンが見られます。それは「天下人」になった偉人・家康の萌芽を少年期、青年期に見出す、というものです。ゴールから逆算する人物論です。

　たとえば今川義元にいわゆる「人質」に取られていた少年時代、今川の屋敷で新年の儀が行われていた際、十歳の家康が少しも臆せず、さっと庭先に立って、立小便をした。それを見た周りの人々が「さすがは三河《みかわ》を席巻した松平清康の孫だ」とその胆力に驚嘆した、といった逸話を紹介して、家康の非凡さを強調するような話です。こうした逸話には、家康が天下を取ってから、その偉大さを讃えるために残されたものが多いのです。

　では、「天下人」から逆算したのではない、リアルタイムでの家康の実像はどうだったのでしょうか。膨大な史料を読むにつれ、私には、家康という人は、ひょっとすると戦国大名をやらされたその運命自体が苦痛だったのでは、とさえ思えるのです。ましてや、はじめから天下取りの意欲を持っていたとは思えません。

　なぜか。それは、家康が生まれた三河という地が、地政学的に非常に過酷な環境にあったからです。いつ滅びてもおかしくないくらい危うい状況に置かれた小国に、家康は生まれました。天下取りどころか、家の再興、存続を考えるだけで頭がいっぱいだったことでしょう。

　そうした生育環境で、家康が考えたこと、学んだことは何だったのか。そして、その経験は「天下人」となるうえで、どのような影響を与えたのか。それを知るためにも、「若き日の家康」にきちんと光をあててみたいと思います。

　この第一章では、松平（徳川）家の歴史をたどり、武将家康を歴史に登場させた時代状

尾張、三河、遠江、駿河主要地図

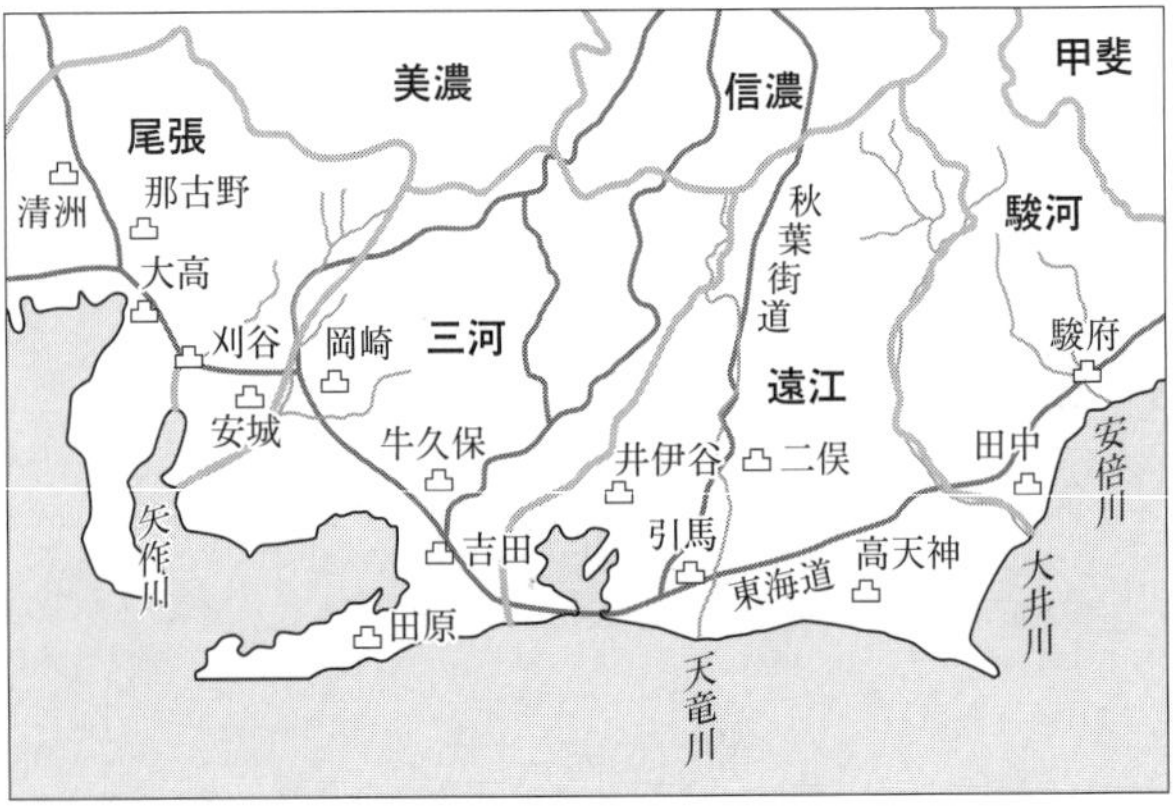

況と環境を検討したいと思います。

フォッサマグナと「陸の潮目」

三河という地を地政学的に見た場合、最大の特徴は、周囲を三つの強国に取り囲まれていたことです。東の駿河《するが》・遠江《とおとうみ》には今川氏がいて、西の尾張《おわり》には織田氏がいました。両勢力に挟まれた上に、北の信濃《しなの》には甲斐《かい》から進出した武田氏がのしかかってくるのです。

両側に強敵がいるだけでも厳しいのに、三方をいずれも強敵に囲まれた小国には、三つくらいしか選択肢がありません。一番可能性が高いのは、そのまま滅ぼされることです。次に、なんとか家や領地は存続するのですが、いずれかの強国に飲み込まれ、いわば属国的な扱いを受ける。そして第三に、ごくごくまれなケースとして、強敵と繰り返し戦っているうちに「共進化」を起こし、化け物のように強くなってしまうことです。家康の時代、三河に起きたのは、この第三のケースでした。

三河の場合、もうひとつ大きな要素は、「日本の陸の潮目」に位置していたことです。

もともと日本列島は地質学的にいっても、二つの島から出来上がっています。その継ぎ目であり、裂け目が、本州の中央にあるフォッサマグナで、その西縁は糸魚《いとい》川－静岡構造線とよばれます。これが実は政治文化のうえでも、東西の境目になってきました。日本史上、このフォッサマグナのあたり、駿河、遠江、三河、尾張のエリアを境に、大きな衝突が起こり、文化的にも社会的にも東と西が分かれる傾向があった点は重要です。

それは邪馬台国《やまたいこく》の時代にさかのぼります。『魏書』や『後漢書』の東夷伝には、女王・卑弥呼《ひみこ》の邪馬台国と、卑弥弓呼《ひみここ》と呼ばれる男王の狗奴国《くなこく》が「相攻撃」していたと記されています。これは文字で歴史に記録された日本列島最初の大規模戦争だと考えられますが、狗奴国の中心は巨大な初期古墳の立地から、駿河の国、いまの沼津付近とする説も有力です。

西の邪馬台国は巫女王的な女性をリーダーとする、儀礼や文字などを重んじ、腕力よりも脳内の観念に訴える「儀礼と権威」を原理とした支配を行っていました。これに対し、東の狗奴国のほうは、武を司る男性王が支配し、縦型の命令系統にしたがうような「力と服従」を原理とした国家が想定されます。東の王墓と考えられる沼津の高尾山古墳からは多量の武器が出土しています。私はこの古墳の保全に奔走したのですが、王の遺体の胸にはアクセサリー類は粗末な勾玉《まがたま》が一個あっただけで、かたわらに殺人用の槍があったのを生々しく憶えています。槍は実用的で、人に突き刺した時、引き抜きやすいように刃に溝が刻んでありました。

また時代は少し下りますが、『日本書紀』には、六四四年、富士川のあたりで、蝶の幼虫を「常世神《とこよのかみ》」としてあがめる新興宗教が流行し、厩戸《うまやど》皇子の側近である秦河勝《はたのかわかつ》がこれを打ち懲《こ》らした、という記事があります。つまり、この地域に、大和王権とは異なる原理を持つ勢力があったのではないかとも考えられます。

また記紀でいえば、ヤマトタケルを最後まで苦しめたのも、この地域でした。野原で火攻めに遭い、草薙《くさなぎ》の剣で難を逃れたのが静岡の焼津《やいづ》で、それを奉納したのが尾張の熱田《あつた》神宮です。伊吹山のむこうは怖い東の国です。ヤマトタケルは大猪（『古事記』）・大蛇（『日本書紀』）に化けた伊吹山の神に「帰り道に殺せばいい」（『古事記』）と勝利予告の言挙げをしてしまい、祟られて命を落としました。東の境目は大切で、その神をあなどってはならぬということでしょう。ちなみに熱田神宮はのちに武門の神として厚く信仰されます。源頼朝の母は熱田神宮の大宮司の娘です。織田信長が桶狭間《おけはざま》の戦いに出陣する際にも、熱田神宮に戦勝祈願をしています。

この東西の境目の感覚は、その後も引き継がれ、初の東国政権を開いた源頼朝も、墨俣《すのまた》川、いまの長良川を境として、そこから東を自分たちの縄張りだと考えていました。例えば、平家を打倒した後、義経をはじめ、頼朝の許可なく朝廷の官位を受けてしまった御家人がいましたが、これに対し、頼朝は、墨俣川より東に入ったら領地を取り上げた上に斬首する、と申し渡しています。三河を軸とするエリアは古来、日本列島の「陸の潮目」にあたるホットスポットだったのです。

松平家のルーツ

では、そのような土地で、徳川松平一族とは、どんな存在だったのでしょうか。

家康に続く徳川松平家の祖とされているのが、松平親氏《ちかうじ》です。この親氏は、もとは徳阿《とくあ》弥《み》（徳翁）といって、諸国を渡り歩く僧侶でした。

ここで興味を引くのは、徳阿弥が時宗の僧侶だった点です。時宗の開祖、一遍《いっぺん》は、鎌倉時代、モンゴル帝国が襲来した頃に活躍します。日本中が不安にとらわれた時代です。この時期には、日蓮などさまざまな宗教的指導者があらわれたのですが、一遍のユニークなところは、すべてを捨てて、歌い踊りながら各地を放浪するという実践をおこなったことです。その根本にあるのは、他力本願。阿弥陀様が人類を救ってくれる、極楽往生させてくれることはもう決まっているという教えです。

一遍は、こう考えました。自分はいけない人間だから、寺とか妻とか持ってしまっては、よくない。すべてを捨て、阿弥陀様と人々の縁結び役になろう。衣・食・住にこだわって、この世で何かを所有しようとするのは地獄への道だと考えたのです。寺に定住せず、わずかな身の回り品と粗衣だけで、全国を歩きました。そのため、一遍は「捨聖《すてひじり》」とも呼ばれます。

こうした一遍に共鳴した弟子たちが集まってきて、阿弥陀に救ってもらった喜びを声にして、踊りながら各地を遊行《ゆぎょう》するようになります。ちなみに南無阿弥陀仏と唱えるのは、念仏を唱えることで救われるのではありません。阿弥陀様は念仏を唱える唱えないにかかわりなく、必ず人々を救ってくれます。ありがたい。一遍たちの考えでは、その喜びが口をついて出るのが念仏でした。だから、時宗では、歓喜の踊りをするのです。

この放浪の時宗僧は大変に人気があったといいます。とくに家柄のいい若い女性は普段、あまり外との接触がありませんから、時宗僧がありがたい念仏を唱えてくれるというので、喜んで集まってきます。娯楽の少ない時代に、歌い踊って法悦に至る時宗僧は、いまでいうアイドルやロックミュージシャンのような人気者でもありました。

徳阿弥もそうしたモテ男の時宗僧だったようです。『松平氏由緒書』などによると、まず三河の大浜郷という豊かな港町で、土地の有力者だった酒井という家の娘との間に子どもが生まれます。酒井家では、由緒の知れない徳阿弥を婿にする気はなかったのか、追い出してしまったようです。

それで、徳阿弥は三河でも北のほう、山奥の松平郷に向かいます。ここに松平太郎左衛門という有徳人《うとくじん》（金持ち）がいました。山奥です。財を成すといえば木材でしょうか。とにかく、徳阿弥はこの家にうまく入り込みました。

ある日、松平家で連歌の会が開かれたのですが、山里のこと、連歌を清書してくれる執筆役がいません。そのとき、なぜか徳阿弥が庭に立っていて、それを見ていました。ちょうどいいので、松平の当主・太郎左衛門が「執筆役を」と依頼すると、「いや、私なんて」

とか言いながら、家に入ってきて、上手に書き始めたのです。

徳阿弥は頭が良くて、教養もあるらしいというので、当主に気に入られて、またもや娘との間に子どもをつくってしまいました。そのとき、松平家では徳阿弥の氏素性を問います。徳阿弥は「自分はただ放浪しているだけだ」などといってはっきりとは答えなかった、というのが通説ですが、松平側が自分の由緒を説明したとされている箇所には、「在原《ありわら》の末とも、熊野の鈴木の末とも」と語った話が出てきます。全体の文脈からすると、徳阿弥の発言かもしれません。在原は、『伊勢物語』の主人公で平安期を代表する色男の在原業平《なりひら》でしょう。熊野の鈴木というのは、中世、熊野比丘尼《びくに》と呼ばれた、諸国にいた女性たちを束ねている家が鈴木家でした。いずれにしても出自は徳阿弥自身もよく分からないと言っています。おそらく酒井家でも似たような問答があったと推測できますが、酒井家は徳阿弥を追い出したのに対し、松平家は婿として迎え入れます。

この徳阿弥にはもともとの才覚の上に、諸国を遍歴して身につけたさまざまな経験があったのでしょう、松平親氏と名乗って、松平郷の若い衆を取りまとめて、のみで石を割って土地を広げ、用水を通し、橋をかけ、田畑をつくっていく。さらには周りの村に子分たちを引き連れていき、夜討ち強盗に近いことをして、領土を広げていくわけです。松平氏は代を重ねるうちに一番山奥の松平郷から南下して、その勢力を矢《や》作《はぎ》川の下流域まで伸ばしていくのですが、そのはじめとなったのが、松平親氏でした。

ところで徳阿弥を追い出した酒井家は、その後、どうなったのでしょうか。実は徳阿弥の子どもが大きくなって、松平の家来になるのです。この酒井家から家康の右腕となる、きわめて優秀な家臣が出ました。徳川四天王の一人、酒井忠次です。この忠次の活躍は、のちの章で紹介することになると思います。ルーツが重なる徳川と酒井がいっしょになって天下の家を目指していくことになります。

三河という土地で、徳阿弥のような人間が勢力を伸ばしていったのは偶然ではありません。それは当時の三河が荒れていたからです。外来種の植物は、ブルドーザーなどでもともとの土壌を削ってしまったところや、放置された河原などで繁殖しやすいのですが、それに似ています。戦国時代は日本全国が荒れていたのですが、三河は特に不安定でした。

それは先にも述べたように、「陸の潮目」だったからです。東側の勢力と西側の勢力がせめぎあう断層線では、つねに激しい抗争が生じます。すると、争いに備えて人手を求めていたり、ぽっかり主のない空間が生まれたり、と、よそ者が入り込むのに適した環境になっていました。

東海地方では、尾張、三河や遠江あたりの沿岸部は、新興勢力が生まれやすい土地柄でした。難しいのは美濃《みの》です。私は京都の北側から丹波、福井、近江の北部、そして美濃といった地域を「古めかしい弧」と呼んでいますが、彼らは奉公衆といって、室町幕府の親衛部隊になる中小の豪族たちがたくさん居たところです。そこでは戦国の後期まで、将軍家に仕える家柄を誇って、保守的な支配を続けていました。斎藤道三《どうさん》は美濃南部の平野部にようやく入り込むのですが、それ以上成長できませんでした。この「古めかしい弧」を打破したのは、その外側にある尾張の織田信長だったのです。

戦国時代、その土地ごとに有力な家が存在したのですが、あくまで自分のエリアにとどまっている家と、隙あらば一国でも切り取ってやれ、あわよくば天下までも、という強い増殖志向をもった家があります。徳阿弥が開いた松平家は明らかに増殖志向を持っていました。

親氏は三河で暴れまわってさんざんに領地を切り取った後、『松平氏由緒書』によると、死ぬ前に「まだ一国が入手できず無念だ。領地を切り取り広めよ」と言ったとされています。また大久保彦左衛門の『三河物語』では、「我が子孫は十代のちには必ず天下を治める」と言ったとされています。もちろん、これらは初めに述べたように、徳川家が天下を取ったあとに作られた「天下人神話」である可能性もあります。

しかし、嘘の中に秘められた真実もあります。それは松平家の菩提寺の名です。親氏から数えて四代目の親忠が一四七五年に建立したといわれますが、その寺の名が大樹寺《だいじゅじ》なのです。「大樹」とは将軍という意味ですが、一地方の豪族が自分の寺に堂々と将軍の名を冠するでしょうか。そこには松平という家に流れる強い上昇志向がうかがえます。

さらにいえば、五代目の長親（長忠）の弟は、のちに浄土宗総本山となる知恩院《ちおんいん》のトップを務めています。これも松平氏が中央に深い関心を寄せ、寺院や学問にも目を配っていたことを示しています。

もうひとつ、松平家の野心がうかがえるのは、中央への接近です。もともと山里の豪族だった松平家には、中央に何のつてもありません。では、どうやって足がかりをつくっていくか。いきなり将軍家や管領《かんれい》家などとはつながれるはずもありません。そこで三代目の当主、松平信光は、幕府の中枢で実務を担っているのは誰かと考えました。

当時、幕府で事務万端を取り仕切っていたのは伊勢氏でした。分かりやすく言うと、室町幕府の総務部とか官房長官です。企画書を作ったり、書類を整えたり、将軍家の秘書役を務めたりと、組織内での格はそんなに高いとはいえないのですが、情報が集まり、政策が決められていく、まさに要《かなめ》のポジションでした。ちなみに、最初期の戦国大名として名高い北条の祖・早雲も、もとは伊勢新九郎といって、この伊勢氏の出身です。

信光は、この伊勢氏に目を付け、献上物を贈って「家来にしてください」と頼みます。ここは大事なところで、江戸時代の家来は、主君に仕えるかわりに、俸禄などの報酬をいただく。中世の主従関係は逆で、家来になるほうが上納の財やサービスを持っていくことも多いのです。サービスして家来扱いにしてもらい、権威付けしてもらったり、保護をうけたりします。これが中世的な被官《ひかん》関係です。立川談志がいた時分の立川流は一門の噺家《はなしか》から「上納金」を取る話がネタになっていました。談志さんは最後まで中世の伝統をひく被官関係を取り結んでいたのでしょうか。

伊勢氏の被官になると、中央の情報を取れます。三河の国で何らかの対立が起きた場合、幕府の中枢で実務を司る家と直結していれば、大きなアドバンテージになります。なにより、ただの金持ちではなく、ちゃんとした武家として扱われます。信光はそう考えたのです。

また信光は、確認されているだけで四十八人もの子どもをつくりました。まさに拡大路線です。

英雄清康とその死

しかし、この「境目の地」はけして安住を許す環境ではありませんでした。大雑把《おおざっぱ》に言えば、愛知県の中央を流れる矢作川をはさんで西側が織田氏の尾張、東側が今川氏の駿河の勢力圏です。厄介なことに、松平家の勢力範囲は、矢作川の両岸にまたがっていました。西側の拠点が安城《あんじょう》、東側の拠点が岡崎です。松平家の歴史をみると、安城（安祥）城を本拠としている間は、まだ安泰でした。しかし、そこに織田の勢力が押し寄せてくると、矢作川を渡って、岡崎城に移るほかありません。

岡崎は伊賀《いが》川、乙《おと》川、矢作川という三つの川が合流する交通の要衝《ようしょう》です。その交点のすぐ横に岡崎城を築き、矢作川をはさんで織田方と対峙しながら、今川の軍事的支援を受ける、というのが、松平家の基本戦略でした。

しかし、拠点を安城から岡崎に移してしまうと、矢作川の西側に取り残された一門や家臣たちはどうなるか。生き残りのために、織田側と手を結ぶものも出てきます。矢作川は物や人を運び、人をつなげるものではなくなり、人を隔てる壁となってしまうのです。

こうした難題を抱えていたのは、松平家だけではありませんでした。吉良《きら》家もそうです。やはり矢作川の両岸にまたがる吉良荘《きらのしょう》という大きな荘園があります。ここを領地としていたのが吉良家で、足利氏の一門中でもトップクラスに家格の高い家です。今川家は、この吉良家の分家にあたります。その吉良家も、矢作川を挟んで分裂しました。矢作川の西の西条吉良家、東を相続した東条吉良家に分かれて、お家争いを起こすのです。のちに西条吉良家は三河一向一揆に加わって滅亡しましたが、東条吉良家は徳川家に仕えて、儀礼などを取り仕切る高家《こうけ》となります。赤穂《あこう》事件で知られる吉良上野介《こうずけのすけ》はこの東条吉良家の当主でした。

このように、三河というのは厄介な環境です。そこに戦いの天才児が出現しました。家康の祖父、松平清康です。清康は数え十三歳で安城松平家を継ぐと、次々に周囲の城を落としました。安城から岡崎に拠点を移して、さらに領地を広げていったのです。最初は三百人ほどの子分を連れて戦っていたのが、二十五歳で世を去るときには八千人もの軍勢を率いるようになっていました。もともと安城松平家は、松平の本家ではありませんでした。ところが清康は戦争だけでなく、人の心をつかむのも非常に巧みだったので、わずか十年あまりで、安城、岡崎のみならず、西三河を平定したばかりか、さらに西の尾張の守山《もりやま》まで勢力圏に収めたのです。

ところが、そこに悲劇は待っていました。天文四年（一五三五）、清康は守山で家臣によって殺害されます。跡を継ぐ広忠はわずか十歳でした。家臣のなかでも織田寄りの姿勢をとる一派が現れ、広忠は岡崎城からも追放されてしまいました。

そんな広忠が頼ったのは今川義元でした。今川は織田への対抗もあり、軍勢を送って、放浪を余儀なくされた広忠を駿河から岡崎城に運び入れます。こうして広忠は、今川義元とは、対等の領主同士ではなく、主従に近い関係を結ばざるを得なかったのです。

トラかウサギか？

岡崎城に戻った広忠でしたが、矢作川の西に取り残された親類や家臣を再び味方につけなくては、川沿いにある岡崎の安全は保てません。

広忠には、安城よりもさらに西、三河国西部の刈谷に、水野忠政というおじさんがいました。そこから於大《おだい》という娘を妻に迎えます。イトコ婚でした。翌年、於大が天文十一年（一五四二）十二月二十六日に男の子を生んだとされています。幼名は竹千代。のちに今川義元の一字をもらって、松平元信（のち元康）となります。家康を名乗るのは、今川から独立したのちのことですが、ここでは家康で通します。

ここで少し長くなりますが、家康の生年について考えてみたいと思います。そこには史実と家康伝説の関係がよくあらわれているからです。これまで家康は天文十一年十二月二十六日に生まれた、とされてきましたが、近年の研究で、年齢を一歳サバを読んでいて、本当は天文十二年（一五四三）生まれだったのではないかという議論があります。

天文十一年は、干支《えと》でいうと寅《とら》年になります。徳川家関係の史料では、家康は「寅の年、寅の日、寅の刻に生まれた」とされてきました。さらには、こんな伝説もあります。家康の母、於大の方が子宝を授かりますようにと三河の鳳来寺《ほうらいじ》（いまの愛知県新城市）に願をかけたところ、薬師如来を守護する十二神将のうち、寅の方位に位置する真達羅《しんだら》大将の像が、家康の誕生とともに姿を消し、家康が没すると同時にまた現れた、といいます。江戸時代には、こうした逸話がまことしやかに伝えられ、虎の勇猛さと家康の武威を重ね合わせて語られていったのです。それが天文十二年生まれだったとすると、卯《う》年生まれということになります。天下の武人がウサギ年生まれでは様になりません。

実は、家康自身が、自分は卯年生まれであると、天の神様に白状している史料があります。慶長八年（一六〇三）、家康が征夷大将軍に任じられたときのことです。征夷大将軍とは、天皇を守るための権威ある官職ですから、天曹地府祭という特別な儀式を行わなくてはなりません。これは陰陽師《おんみょうじ》が征夷大将軍を呪術的に防御するための儀式ですが、そのとき、都状《とじょう》という祭文を提出します。その原文が今でも宮内庁書陵部に残されています。それを見ると家康は三カ所自らサインをし、六十一歳という年齢と、「癸卯《きぼう》」とウサギ年を生年として申告した都状を陰陽道の土御門《つちみかど》家に提出しています。名古屋城調査研究センターの原史彦さんは、家康も天には嘘がつけなかった、と述べていますが、神に対する儀式ですから、正確な生年でないと意味がないわけです。

さらにいうと、私は十二月二十六日という月日も検討の余地があると考えています。というのも、家康の幼名である竹千代の由来に関するエピソードなのですが、天文十二年、卯の年の二月二十六日、三河の称名寺《しょうみょうじ》（いまの愛知県碧南市）で連歌の会が開かれます。「神々の長き浮世を守るかな」という発句に対して、家康の父、広忠は「めぐりは広き園の千代竹」と詠みました。これは縁起がいい、嫡男の名前にふさわしいということで、竹千代と名付けられた、という史料が残されているのです。ここで私が不思議に思うのは、待望の嫡子が十二月二十六日に生まれたのに、それから二カ月も名前をつけずにおくものだろうか、ということです。もしかすると家康の生年月日は天文十二年の二月から十二月の間、とみるのがよいのかもしれません。もっとも『愛知県史』でも、この称名寺の史料には「検討の余地がある」とされていますから、「父の詠んだ連歌から命名された」という逸話自体が、後世に作られたものである可能性もあります。また、当時は、京の暦と違う暦があったので、寅か卯かの問題が起きたのでは、と見る向きもあるようです。今後の課題です。

家康という人は、生まれた年ひとつとっても、神話化の力が働いています。歴史には、事実に尾ひれがつき、実はこの尾ひれの部分に、当時の人々の思いがこめられています。伝説を作り流布《るふ》させた側のさまざまな思惑やイメージ戦略も読み取れます。尾ひれにこそ、当時の人々の「真実」がこめられているのです。史実の検証はもちろん重要ですが、史実を離れた神話化、言い伝えなどの「尾ひれ」の分析も同じくらい大事なのです。

後世になると、家康が寅年生まれ、二代将軍の秀忠は卯年、三代の家光は辰年生まれで、寅卯辰と続いてめでたい、という意味付けもなされ、日光東照宮の五重塔には三代の干支にちなんだ彫刻が正面に置かれています。のちに詳しく述べますが、家康が長男の信康を殺したことについても、『松平記』などには、信康は松平家の当主になる資格がなかった、なぜなら「未《ひつじ》年生まれだから」などとして正当化した記述があります。家老の阿部大蔵がそういったと書いてあります。どうも徳川家には、生まれ年を気にする家風があったようです。

　家康の神格化をはかるイメージ操作は、関ヶ原の戦いに勝ったあと、豊臣家を滅ぼすころまでに激しくなっていったと考えられます。この頃には、家康も将軍や天下人になるのを強く望んでいました。松平徳川家はもともと弱者です。弱者にはイメージ戦略が必要なのです。家康死後も、徳川家を天下の家として権威づける必要があり、その仕掛けが考案されたのでしょう。逆に言えば、戦国時代とは、武将として生き抜き、天下人として君臨するためには、卯年生まれが虎の仮面をかぶらなければならないほど、厳しい時代だったともいえます。単に武力だけではない、神話的なイメージまで動員する総力戦を、家康は戦っていたのです。

〝人質〟時代の実態

　家康にとっての最初の試練は、生みの母との生き別れでした。ここにも三河の勢力争いが色濃く反映しています。家康誕生の翌年、家康にとっては祖父にあたる水野忠政が亡くなり、その跡を継いだ信元は、広忠を見捨てて、織田方に寝返ったのです。その結果、於大は離縁され、刈谷に帰されていきました。

さらに織田方からの攻勢は強まり、安城城も落とされ、求心力が低下して、広忠には岡崎城ただ一城しか残っていない状況になりました。織田方に、付城《つけじろ》とよばれる監視砦《とりで》を矢作川沿いにたくさん建てられ、身動きがとれなくなってしまったのです。広忠が頼るのは、今川しかありません。しかし、それには代償が必要です。この時代の習いとして、広忠は嫡男を今川に預けることになります。天文十六年（一五四七）、数えで六歳の家康は、駿河の今川義元のもとに人質に出されることになりました。これまでの通説では、そのように説明されてきました。

まずは従来説を述べます。家康を駿府《すんぷ》に人質として送ることが決まりましたが、これがすんなりとは運びませんでした。途中で裏切りに遭い、なんと尾張の織田信秀（信長の父）のもとに送られてしまったのです。

これもともとは三河の内部で親織田派と親今川派が入り混じる複雑な状況が背景にあったとされます。岡崎から駿河に向かう家康一行は、途中、渥美半島にある田原城に立ち寄ります。この城主は戸田康光といって、広忠の後妻である真喜姫の父にあたる人物でした。家康にとっては義理の祖父ということになります。この戸田康光が織田方と内通していたというのです。

駿河に行くには海路のほうが早いとだまされ、船に乗せられた家康一行でしたが、駿河と正反対に、西へ西へ進んでいるとしか思えませんでした。おかしい、と戸田の家来を問いつめますが、はぐらかされ、やがて、尾張の熱田神宮が見えてきました。そうなると、すでに時遅し、織田方に身柄を押さえられてしまうのです。

ところが、近年では新説が現れています。この戸田康光自体の実在が疑われたり、否定されたりしています。さらには、天文十六年、家康が人質になる頃、広忠は織田信秀に大いに負けて、岡崎城を奪われていた可能性が指摘されています（村岡幹生「織田信秀岡崎攻落考証」）。ですから、戦国史研究者のなかには、こらえきれなくなった広忠が一時、今川を離れて、織田方についたと考える人が増えてきました。嫡男の竹千代（家康）の身柄を、広忠は自分から、もしくは縁戚の戸田氏のせいにして、織田方に渡してしまったのでは、という見方がでてきています。山岡荘八の小説『徳川家康』と史実は違うのです。

そのあたりの事情はどうあれ、ともかく、家康は二年にわたって、織田方に人質として留め置かれました。家康が奪われたと知るや、今川軍が出兵、田原城を攻めて、落城させたとされますが、これが、大今川のプライドで本当に戸田氏を滅ぼしたのかは、現在、通説がゆらいでいます。

しかし、ここで今川が本気の対応をしたのは間違いありません。家康を救出するには人質交換だというので、今川義元のブレーンである太原雪斎《たいげんせつさい》が乗り出し、小豆坂の戦い、さらには安城城の包囲戦で、みごと織田信秀の長男、信広を生け捕りにしました。母方の家格が低いので、嫡男ではありませんでしたが、信長の兄であることには変わりありません。この信広との交換で、家康は無事、駿河に向かうことができました。

家康が織田の人質になっている間に、父の広忠は、祖父と同じく家臣によって殺されてしまったとされます。ただ、このあたりは不可解で、病没したとの説もあるのです。広忠は今川についたり織田についたりしているうちに、よくわからない死をとげた、というのが、真実のようです。そして、この頃に、家康の身柄は今川方の駿府にうつったのです。主を失った岡崎城は、今川から派遣された代官に統治されました。松平の家来はそのせいで苦労します。

このあたり、『三河物語』などは、今川が松平家にひどいことをしたように思わせる書きぶりですが、最新の研究では、どうやら違うのです。広忠は今川と織田の間をふらふら裏切ったり付いたりした挙句、殺されたか死んだ。広忠が死んだ時点で、幼い竹千代（家康）の身柄はまだ織田方にあり、岡崎の松平家は主が不在の期間があった可能性すらあります。それでも、今川は安城岡崎の松平家の存続をはかったのです。今川にすれば「むしろ感謝してくれ」といいたいところでしょう。

そもそも、今川の統治は寛大なのです。今川は先例や家筋を重視します。長く西三河は松平家のテリトリーで、その土地の先例を今川は尊重しますから、岡崎城へ今川の家臣を順番にローテーションで入れても、内政（徴税や裁判）は常に松平家の家来に任せていました。このあたりは、柴裕之『青年家康』（角川選書）が専門的な研究成果をよくまとめておられます。

つまり、今川は松平が弱くなったからといって根絶やしにはしませんでした。それどころか松平の幼い当主・家康を駿府で守り、丁寧に世話して優遇して、今川に忠義な武将に育成する策をとっています。しかし、そんな道理は三河の人々には通用しません。ますます、次代を担うはずの家康に岡崎城に帰ってきてくれと、切ない希望を募らせたことでしょう。こうした三河譜代の家来たちの気分は『三河物語』に書かれている通りです。

一方、家康は違います。駿府生活はさぞ楽しかったことでしょう。

この家康の人質時代は、これまで臥薪嘗胆《がしんしょうたん》、苦難の物語として描かれることが多かったと思います。しかし私は、家康にとって、この駿府行きはむしろ幸運だったと考えています。竹千代（家康）は岡崎城主の跡取りとはいえ、父の領国経営はほとんど破綻していました。そのうえ、父は死んでしまい、岡崎の松平家は今川の援助でかろうじて存続している状態です。今川義元が、そんじょそこらの戦国大名のようなら岡崎城を奪い取ってしまったでしょう。しかし、今川は、若き家康の面倒を丁寧にみています。元服の時には、義元から馬や鎧《よろい》なども貰《もら》っていました。この鎧は紅糸縅腹巻《くれないいとおどしはらまき》といって、今も静岡浅間神社に残されています。私も見たことがありますが、非常にいい鎧です。さらには今川一族の関口氏の娘をめとらせて、家康を一門の扱いにして優遇しました。

　これを今川側からみるならば、まるでソ連がとった同盟国戦略のようです。旧ソ連は社会主義のリーダー国として、東側諸国から若いエリートたちを留学生に招いていました。彼らはモスクワでマルクス主義を学び、ソ連のエリートたちとコネクションを築くと、本国に戻って、ソ連に忠実な共産党トップになるのを期待された、あれです。つまり今川が意図していたのは、三河の非織田化であり、今川化でした。

　ここで興味深いのは、今川家は、足利氏に連なる名門として、「西の文化」の色合いが濃厚だったことです。

そもそも今川義元自身、当時の戦国武将には珍しく、京都五山のひとつ、建仁寺《けんにんじ》に入り、さらには妙心寺《みょうしんじ》で大休宗休《だいきゅうそうきゅう》にも学んでいます。この時代の大寺院は日本のなかで最高の知の集積地です。だから今川家の文書を読むと、土地の保証書などでも、いやに長文で理屈っぽいのです。さらに義元は、やはり建仁寺、妙心寺で修行を重ねた太原雪斎を迎え、政治、外交から軍事に及ぶ最高顧問として活用しました。太原雪斎は自ら軍を率いて北条氏や織田氏に対して戦果をあげたり、甲斐の武田氏、相模《さがみ》の北条氏との三国同盟を締結するなど、義元の統治を支えます。

つまり、地理的には織田家より東に位置する駿河の今川家のほうが権威・文化を重んずる「西日本の社会原理」に親しいといえましょう。そんな環境の下、家康は人質というより、留学に近い生活を送っていたのです。武家では、しばしば、有力家臣の若い子弟が主君のお膝元で奉仕する習いがあります。家康の駿府生活も、その側面がありました。もちろん、離反しないように今川は家康を人質的に膝元においてはいますが、それだけではありません。三河の有力な家系の子弟を一門扱いにして、屋形の近くに置いて修業させ、奉公させていたのです。今川義元は、家康を「織田への鉄の防壁」として育て上げようとしていました。

そして、この三河の地をめぐる今川と織田のせめぎあいの中で、永禄三年（一五六〇）、桶狭間の戦いが起きるのです。

昔は、桶狭間の戦いは、京都への進出をもくろむ今川義元が、その途中で、尾張の信長に阻止されたという描かれ方をしていましたが、これは史実と異なります。このときの今川軍の目的は西三河から熱田、半田《はんだ》といった尾張の東南部を取りあえず確保し、信長の居城を囲めれば御《おん》の字《じ》といったところでした。というのも、信長の時代の尾張はまだ治水技術が発達しておらず、西に行くほど洪水に弱い低湿地です。南側の知多《ちた》半島は逆に大河がなく、今よりも農業が難しい地域でした。対して、東南部には半田、熱田といった水運の拠点があり、織田家の力の源泉となっていました。今川はまずそこを押さえ、織田を弱体化させようとしたのです。

なぜ十九歳の若君に家臣はついてきたのか？

家康は、この桶狭間の戦いの前哨戦において、今川勢の先兵として、尾張南部、知多半島のつけ根の部分にある大高《おおだか》城に兵糧《ひょうろう》を運び込む仕事を命じられ、無事、成功させます。

その後、付近の砦を落としたりしているうちに、今川義元が討ち取られてしまった、との報せが入ってきました。まさに「どうする家康」です。

このとき家康一行は尾張から三河へと西から東に抜けて、岡崎に帰りつくのですが、今川軍は負けてしまっているので、一種の撤退戦になります。家康はその後も、武田信玄軍に敗れた三方ヶ《みかたが》原《はら》の戦いや、本能寺の変の後、伊賀を通って三河までからくも逃げ帰った「神君伊賀越え」など、何度も死地を脱する敗走・逃走を行いますが、この岡崎入りはその最初のケースです。

このとき、家康は大きな選択を迫られます。岡崎に入るべきか、駿府に帰るべきか。岡崎城はもともと自分の城だから、そこに戻るのは当たり前、と考えがちですが、そもそもこの時点では、父の広忠はもう亡くなっています。岡崎城を治めていたのは今川家の家臣ですが、それも桶狭間の敗戦で、駿河に逃げ帰ってしまっていました。家康には、すぐ駿府に戻り、今川方の武将としてキャリアを積んでいく、という選択もあったはずです。

しかし、家康は岡崎を選んだのです。このとき家康が駿府に逃げ帰っていたら、織田勢が矢作川を渡って、主のいない岡崎城を制圧してしまうでしょう。すると、松平家の家臣団は領地を失うことになります。岡崎入りは家康の選択である以上に、家臣たちの必死の要請によるものでした。これについては、次章でさらに詳しく述べたいと思います。

　岡崎入りに際して、家康は非常に慎重でした。まず今川義元が確かに戦死したと何度も確かめ、さらに今川の代官が岡崎城から撤退したことを確認して、それでもただちに岡崎城へは入りません。いったん松平家の菩提寺である大樹寺に泊まり、様子をうかがってから、ようやく城に入るのです。このあたりは、義元の跡を継いだ今川氏真《うじざね》と連絡を取り合いながら、その許可のうえでおこなっていました（丸島和洋「松平元康の岡崎城帰還」『戦国史研究』七六）。この時点では、家康は岡崎城に入って、今川家の期待通り、織田への鉄の防壁の役割を果たしたといえます。

　ですから、岡崎入りした家康は、織田勢の脅威に対抗しつつ、領土回復作戦に着手します。矢作川の西側の勢力圏を立て直し、矢作川を渡って、安城などにも打って出たので、これまで今川の事実上の占領下で忍従を重ねてきた松平家家臣団の士気は一気に高まりました。

　人質生活を続け、十年以上、三河にいなかった十九歳の家康が、帰国後一気に求心力を持ちえたのはなぜか。逆説的ですが、三河の人たちが少年時代の家康を知らないことが、かえってカリスマ性の獲得にプラスに働いたのではないでしょうか。

江戸時代の大名ならば、若君は城内の奥深くで大事に育てられますが、戦国時代は違います。領主の嫡男といえども、少年時代は、城下で多くの人目にさらされて暮らしています。すると織田信長のように、失敗や愚行、悪評などがさんざん知られることになります。ところが、六歳で人質となった家康の場合、国元では、だれも悪ガキ期の姿を見ていません。

都会・駿府仕込みの若様が帰ってきました。これから領地を増やすのではないか。ひょっとすると、今川からも離れられるかもしれない。家臣たちはそう期待して、大喜びです。待ちに待った救世主が現れた、祖父の清康公の再来だ、となりました。カリスマです。これが、裏切り、背信は当たり前の戦国にあって、鉄の結束を誇った三河武士団の忠誠のはじまりでした。

〝老舗〟今川か〝ベンチャー〟織田か

ここまで、家康が一国一城の主となるまでを見てきました。しかし、この時点で家康が治めていたのは、せいぜい岡崎とその周辺にすぎません。そんな弱小の戦国大名、家康がどうして「天下人」になれたのか。以下の章では、織田信長、武田信玄、豊臣秀吉の三人のキーパーソンを取り上げ、家康が彼らから受けた試練と、そこから学び取ったことを詳しく論じていきます。

その前に、家康が天下人となるまでの大きな流れを概説しておきたいと思います。

いわば、家康は家臣に巻きこまれてやむなく戦国大名としてのスタートを切った感じです。ここから、本章の冒頭に述べた、「三強による包囲」の脅威との戦いが続くことになります。しかも、後ろ盾になるはずの今川が力を失ってしまいます。これは大誤算でした。

そこで家康は再び大きな決断を迫られます。家康は桶狭間の負け戦の戦場から岡崎城に逃げ込んだ直後は、織田への防壁の役割を務めていましたが、長くは続きません。家臣団のなかから、今川との関係を打ち切り、「織田と同盟を結ぶべき」との強い声が出てきたのです。このとき、今川は、武田信玄・北条氏康と同盟し、とにかく駿河の国境線の安全だけを重視する構えで、義元の弔い合戦はおろか、三河への支援も後回しにしました。そうなると、家康たち松平家は単体で、強大な信長軍と対峙せねばなりません。これは危険すぎます。今川の支援なしに、義元を討ち取って勢いに乗る織田信長と戦い続ければ、岡崎衆は滅亡の危機です。家臣の不安は切実でした。

永禄五年（一五六二）、家康は信長の本拠、清洲《きよす》に赴き、同盟を結んだとされます。世にいう清洲同盟です。ところが、『信長公記』や『三河物語』などには、この年に家康が同盟を結びに行ったとの記述はありません。質の劣る史料にしか、この年の清洲城訪問は出てきません。研究者の多くは、もはや家康が信長を訪問して同盟を締結したとは考えていません。ただ、新史料が出てくれば、一夜でひっくりかえるのが、戦国史です。戦国史の研究者は勢いよく新説を出すのですが、あとで新史料が出て困ってしまっている姿も時々目にします。しかし、この清洲同盟に関しては「永禄五年の清洲城訪問なし」とする新説は有力とみていいでしょう。

とはいえ、家康が織田と交渉をはじめて領分の境目を確定し、同盟関係に入っていったのは事実です。信長との同盟は、家康にとっても有益なものに思えました。織田の恐怖から解放されたうえに、織田の支援をバックにして、今川のプレゼンスが弱まっている東三河や遠江に進出することが可能になったからです。松平家の領地は遠州の浜松にまで及びます。

ところが、これが松平家最大のピンチを招き寄せます。それは北の武田との直接対決でした。草刈り場になった今川はすぐ崩壊。今川の旧領を狙って、北から武田勢が侵入してきたのです。力の原理の体現者である信長は、今川、武田との戦いはもちろん、朝倉・浅井との戦いにも参加させるなど、若き同盟者家康を容赦なくこき使いました。同盟相手としては、今川と織田では、伝統と格式の老舗《しにせ》企業と、無理難題を押し付けるが急成長を続けるベンチャー企業ほどの違いがあります。

　家康は多大な犠牲を出しながらも、この過酷な同盟を維持しました。その最たるものは、家康自身が死を覚悟した三方ヶ原の戦いでしょう。遠江・三河に侵攻する武田軍に対し、家康は浜松城から打って出て、惨敗を喫します。

　しかし、意外にも、この武田との死闘こそ、家康を天下人にまで押し上げた最大の要因となったのです。第三章で改めて論じますが、武田軍と戦うなかで、家康は敵の戦術、戦略を学び取っていきます。さらに武田家が滅亡すると、その遺臣たちを招き入れ、自軍の主力部隊にすえて、戦闘力を高めます。家康と三河の武士団は、サバイバルのために、同盟者・信長の高い要求に応え、強敵・武田から学ぶなかで、「共進化」を遂げて、いつの間にか、化け物のように強くなっていったのです。

　武田家が滅び、信長が命を落としても、家康は歩みを止められませんでした。あまりにも強くなった松平徳川家は、信長の後継者となった豊臣秀吉から、最も警戒される存在となってしまったのです。小牧・長久手の戦いといった局地戦で家康が勝利すると、総合的な戦力で勝る秀吉は、家康の抱き込みをはかります。それから家康はいつ秀吉につぶされるかわからないという恐怖の中、生き地獄のような気配りで秀吉に接し続けます。

そうでなければ、本拠地の三河を放棄して、関東の荒れ地であった江戸に移れ、などという命令に、文句ひとつ言わずに、従わないでしょう。秀吉が死ぬとき、泣いてもみせました。それでも、秀吉の最側近である石田三成などは、家康を豊臣体制に対する最大の危険分子だと認識していました。

家康からすれば、秀吉の次を狙って天下を取るか、豊臣側から難癖をつけられて家をつぶされるか、どちらかしかない、という状況認識でした。

織田、武田、今川といった強大な勢力に囲まれ、必死のサバイバルを続けてきた家康は、つねに不安のなかで生きてきました。本当の安心を得るには、松平家が天下の家になるしかない。「巻き込まれ人生」の果てに、異常な進化を遂げた家康たち徳川家は、はからずも天下を取るしか行く道がなくなってしまったと、私は考えています。

「弱者の自覚」に学ぶ

いまの私たちが家康の人生から何を受け取ることができるのか。それは危機から学ぶということでしょう。地球儀のうえの日本をみれば一目瞭然ですが、日本もまた三つの大国、アメリカ、中国、ロシアに囲まれた小国です。蒸気船が現れてからは、三河と同じく、地政学的に非常に厳しい環境にさらされてきました。

日露戦争で、バルチック艦隊を撃破した参謀、秋山真之《さねゆき》は、アメリカ留学時代に書いた「天剣漫録」に〈世界の地図を眺めて日本の小なるを知れ。世界を統一するものは大日本帝国なり。家康は三河武士の赤誠と忠勤に依《よ》りて天下を得たり〉と記しています。ただ、私は三河武士の忠誠だけではないと思います。

それは三河で家康が発揮した外交力です。三大国に囲まれて、いかに生きるか。そこで最も大事なのは、三つのうち、最低一つ、できれば二つを味方にして敵に回さない、ということです。小国が三つの大国をすべて敵に回したら、滅ぶほかありません。昭和の大日本帝国は、この過ちを犯してしまい敗れました。

日露戦争期の日本は、ロシアの脅威を感じる中で、イギリスをはじめとする西欧列強の動静を強く意識していました。そして日英同盟を結び、和平の仲介者としてアメリカを引っ張り出したのです。秋山真之の出身地、松山の旧領主は、家康の異父弟の家・久松松平家です。三河武士の弱者の自覚を濃厚に受け継いでいたと思います。

また家康に学ぶべき小国の知恵は、よいと思ったものは敵からでも積極的に学ぶことでしょう。信長は、筋目を問わず、豊臣秀吉でも明智光秀でも、能力だけをみて、躊躇《ちゅうちょ》なく抜擢しました。代々の家臣を持たない秀吉は、無類の人材好みで、他家の家臣でも次々と声をかけています。それに対し、家康は苦楽を共にした三河家臣団との結びつきが強いイメージですが、そうばかりでもありません。自軍のアイデンティティというべき主力部隊のコンセプトを、敵であった武田からためらうことなく取り入れています。

孤立主義を避ける対外感覚と、外から積極的に柔軟に学ぶこと。これこそが、三大国の狭間に生きる私たちが、自分たちを磨き上げ、進化を遂げられるかどうかのカギを握っているのではないでしょうか。家康の苦難の多い人生から学べることはまだまだ多いと思います。

では、次の章では、家康の運命を大きく変えた「厄介な同盟者」、織田信長を軸に、家康が信長から何を学んだのかを見ていきたいと思います。

第二章　信長から学んだ「力の支配」とその限界

第一章では家康が生まれた三河という土地に着目しました。時期的には、誕生から人質となり駿河の今川氏のもとで育てられた少年時代までです。この章では、家康の生涯に大きく影響した織田信長との関係を論じたいと思います。

信長は天下統一の途中で命を失いましたが、家康は天下人となったうえ、その政権は三百年近くにわたって続きました。これは後世の我々から見れば、至極当然の事実です。しかし、なぜこの違いが生まれたのでしょうか。ここを深く考えてみたいのです。

家康は数えで七十五歳という、当時としては長生きです。信長だけではなく、今川義元、武田信玄、上杉謙信、豊臣秀吉などのライバルが世を去るなか、家康だけは生き残って、天下を手中にしました。寿命や運のせいもありますが、それだけで勝ち抜けるほど、戦国時代は甘くありません。

戦国勝ち抜き戦の競争倍率はすさまじいものです。城や村落の数から推計すると、戦国時代、一村を支配し、小城《こじろ》を構え、天下が狙える「領主」の家は五万近くありました。家康の松平（徳川）家は、その競争を勝ち抜いてチャンピオンになったうえ、日本史上、稀な長期政権を維持したのです。一方、古い今川や、新しくても信長は、早々に退場させられました。信長だからこそ突破できた面もありましたが、信長だからこそ日本社会の特性に適《かな》わず、持続不可能だった面もありました。家康がなぜ永らえたか、信長がなぜ潰《つい》えたかを知ると、この国の歴史の勘所《かんどころ》がみえてきます。

二人の運命を変えた桶狭間

それを考えるうえで、まず避けて通れないのが、永禄三年（一五六〇）五月に起きた有名な桶狭間の戦いです。この一戦は信長と家康の運命を変えてしまいました。

まず信長から見ていきましょう。

桶狭間の戦いといえば、かつては「駿河・遠江・三河を支配し、天下を目指して上洛しようとした今川を、〝うつけ〟と言われていた若い信長が、少数の軍勢を率いて奇襲攻撃を行い、勝利を収めた」という物語が流布していました。しかし、これは実態とはかなり異なることは、前の章でも少し触れました。

少し時代は下りますが、秀吉の行った太閤検地により、国別の石高《こくだか》がわかっています。今川の支配下にあった駿河国（いまの静岡市など静岡県中部）はおよそ十五万石、遠江国（いまの浜松市などを含む静岡県西部）が約二十五万石で、あわせても四十万石。対して、尾張国は一国で五十七万石もあります。この時点では信長は尾張一国を最北部以外、ほぼまとめていましたから、小国とはいえない存在でした。

ちなみに三河国は二十九万石です。今川としては穀倉地帯の三河を押さえたので、さらに尾張東部や知多半島、特に熱田など豊かな港町の権益を奪い取って、銭の税収も増やしたい。それぐらいがこの侵攻の本音で、今川義元は上洛戦をやっていたわけではありません。

それでも、この桶狭間の戦いの結果は、当時の戦国武将たちからみても、衝撃的なものでした。というのは、戦国大名が合戦で首を取られる事態は珍しいのです。しかも、今川義元が討ち取られたのも驚きでした。今川氏は、足利将軍家の親族の名門で、単なる守護大名を超えた存在だったからです。

なぜ、そんな異常事態が生じたか。ここにも運の要素と必然の要素があります。まず運の要素としてよく挙げられるのが気象条件です。当日、非常に強い雨が降っていたために、今川の本陣近くにまで、信長軍の接近を許してしまったのです。雹《ひょう》まで降った氷まじりの降雨であったことが明らかにされています（服部英雄「桶狭間合戦考」）。

しかし、組織論から考えると、また違った側面がみえてきます。それは、今川家と織田家の体質、組織原理の違いでした。

組織論から見ると、戦国大名は大きく二つのタイプに分けられます。ひとつは、国衆《くにしゅう》と呼ばれる地域の武士たちの連合体です。たとえば駿河国ならば、国の領主は今川家ですが、さらに細かい地域、村落ごとに独立性の高い国衆（小領主）がいて、彼らが緩《ゆる》やかにつながっているのです。このタイプの軍勢は、それぞれの国衆が自らの家来を率いて参戦します。すると兵力数万人といっても、その内実はたとえば数十人の集団が千個集まった形になり、多極分散的になります。

その軍勢を上から俯瞰《ふかん》すると、団子状の幾百千の小集団が連なった細長い列が見えるでしょう。「だんご三兄弟」ならぬ〝だんご千兄弟〟です。こうした軍勢では、基本的には自分の小集団だけ守れていればよく、前方で敵に遭っても、後ろの団子は「他家の人たち」なので、列の真ん中や後ろにまで、ちゃんと敵襲・遭遇を知らせるとは限りません。だんご千兄弟の軍勢は神経が通っていない蛇のようなもので、頭が踏まれても、尻尾まで情報がうまく伝わらないのです。

これと対照的な軍勢があります。ミニ団子を大きな一つの団子にまとめた軍団が現れつつありました。国衆たちを家臣団として統合し、国主の意思がよく貫徹する軍団の登場です。その進化が早く見られる代表例が織田でした。家康の松平家も大《おお》団子化が比較的早いほうです。この時、今川勢は戦列が伸びきってバラバラに分散しており、本陣に情報が十分伝わらないうちに襲われてしまったのです。襲ったのは、情報や戦闘目的の共有度合の高い、一体になった信長勢でした。

「信用」という富

そこで家康です。この桶狭間の戦いの時、家康は数えで十九歳の若武者です。その家康に与えられた任務は、今川の拠点・尾張西部の大高城に兵糧を運び込むというものでした。兵糧運びは地味な仕事に思えますが、簡単ではありません。この大高城は今風にいえば名古屋市緑区にあり、尾張の中心部に近い最前線の砦でした。織田勢に取り囲まれて城中の兵糧が尽き、草木の実を食べて飢えをしのぐ苦境だったといいます。

この時代、戦地の近くに領地がある者から順に、先陣を務めるのが原則です。家康は岡崎、安城など織田領の近くが本拠地です。それで、この戦では、今川勢の先鋒隊を任されたのです。徳川家中の後世の家譜等をみると、大高城への兵糧入れから丸根《まるね》砦攻撃までの付近の作戦で、戦死者も出ているようです。

家康は、今川方の武将として、この危険な任務を一生懸命に果たしたと考えられます。そもそも家康の松平家が岡崎の領主でいられるのは、父・広忠を支援してくれた今川のおかげです。今川の兵力の後ろ盾がなければ、一族に岡崎城を奪われそうな身の上です。自分も駿府で、岡崎の若君として丁重に扱われている。その恩義に報いるためにも、体を張って御奉公するのは当たり前だ、と考えていたことでしょう。

家康は首尾よく大高城に兵糧を運び込みます。それまで守備を担当していた鵜殿長照《うどのながてる》と交代し、大高城を拠点に周りの砦を攻めたりしていたところに、はるか後方の桶狭間で、総大将の義元が討たれた、という報せが入るのです。

前にも述べたように、義元クラスの大大名の戦死は当時の常識ではありえないことです。

しかも、〝だんご千兄弟〟の軍ですから、情報が伝わるのが遅く、真偽も、すぐには確認できません。

家康を考える上で、ここが大事なところですが、こんな場合、不確かな情報で逃げ出すのは「武門の名折れ」と、家康は考えます。一目散に逃げ帰って、もし義元様が無事だったら、いっぺんに面目を失い、大恥をかきます。これは当時の戦国武士の価値観ではきわめて大事なことでした。面子《メンツ》といえば、非合理な、やせ我慢と思われるかもしれません。しかし、時は戦国です。戦場で臆病・卑怯のふるまいをなす者は、味方にとり、この上なく迷惑かつ危険です。そんな人間は決定的に信頼を失うのが戦国武士の世界なのです。

家康には策略家・狸おやじのイメージがありますが、武略と卑怯は違います。家康は戦場で武人としての信用を損ねない点は、生涯貫いています。

そこで家康は何度も物見を出して、情報を集めますが、義元は本当に討ち取られ、今川の本隊は崩壊していました。しかも、今川の家老側近は誰も事後の処置をせず、自分への撤退命令も出さずに逃げたらしいのです。そこに母方の伯父である水野信元からも「義元は死んだ。明日にでも信長が押し寄せてくるから、早く逃げたほうがいい」と報せが入ります。この水野家は、刈谷を拠点として織田方に属し、何度も松平家とも戦っていますが、信元は家康の母、於大の方の異母兄でもありました。

水野信元が何を考えていたかを示す史料はありませんが、早く家康を撤退させて追い払いたい思惑が半分あったでしょう。このまま家康に大高城に居座られると、信長から「戦って家康を追い払え」と命令がきて戦死者がでます。また、ここで家康に恩を売っておいて後々味方に取り込むという狙いが四半分、甥への親切心が四半分といったところでしょう。生存に必死が大半、肉親への情も少しはある。これが戦国の人々の心性です。

このとき、家康は何を考えていたか。同時代の一次史料には心情のディテールは記されていません。そこで後年に記された回想や逸話も援用しつつ、家康の直面した現場の状況を探り当てていく作業が必要です。そうしてはじめて、実感を持った歴史が見えてきます。

江戸中期に兵法家の大道寺《だいどうじ》友山《ゆうざん》が著《あらわ》した家康説話集の『岩淵夜話別集』には、家康は義元が討ち死にしたのは必定《ひつじょう》として、さてどうするか考えた時の理屈の順序が示されています。義元の命で自分が大高城を預かっていることはわかっているのだから、今川家としてはその任務を解いて、早々に撤退せよという指示を下すべきなのに、何も言ってこない。それは今川家の家老たちの落ち度である。だから、自分たちの判断で大高城を出ても、不義はない。さらに岡崎城に使者を送って指示を仰ぐと、岡崎方面に早く戻るようにと指示がきたので、ようやく大高城を出た(『岩淵夜話別集』)。後世の神君家康伝説では、家康が、そんなふうに考えたことになっています。これなど随分、家康の振る舞いを正当化した記述でしょうが、家康が早々に撤退しなかったのは史実です。このように、家康という人は何かをするとき、必ず、自分はきちんと筋を通している、武士として正道を踏んでいるぞとアピールするタイプであったかもしれません。

よく考えてみると、今川の本隊は壊滅状態なのですから、わざわざ使いを出して正式な命令など下せるはずがありません。評判上、伝説上の家康は、そこもきちんと計算していながら、自分は武人の筋を通して行動している、と周囲に示します。そういう話をふりまきます。そうして「信用」という富を蓄積していくのです。

権威で支配するのか、力で支配するのか

桶狭間の戦いのあと、家康は岡崎城に入り、領土を次第に回復していきました。この岡崎に入るという選択は、家康にとって重い決断でした。

というのも、岡崎にとどまるということは、最前線に身を置いて、織田勢の攻撃を受け

続けることを意味するからです。

　このとき、岡崎城には今川から派遣された城番がいたのですが、彼らも駿府に引き上げてしまっていました。やはり大道寺友山による家康一代記『落穂集』では、この今川方の武将たちが家康に、「義元様も横死してしまった。お前も一緒に駿府に帰ってはどうか」と声をかけたとされます。これも歴史学的には伝承の類《たぐい》ですが、ただ、この時、さっさと駿府に帰って、今川家の体制立て直しに参加すること自体は、不名誉でもなんでもなかったはずです。今川氏真から「岡崎城にいて織田の侵攻を防げ」などと指示が出てしまわないうちに、駿府に帰ってしまえばよかったのです。家康個人としては楽な人生になったはずです。今川方の武将として駿府に戻ったほうが、少なくとも短期的には命の危険はありません。しかも、駿府には人質として、妻の築山殿（駿河御前）、嫡男の信康、生まれたばかりの亀姫もいます。駿府に戻れば、妻子も今川に殺されるリスクを避けられます。

　ただ、これをやると、家康は岡崎城主の座を棄てることになります。一時は駿府で、今川から捨扶持《すてぶち》をもらって、家族と幸せに細々と暮らせるかもしれませんが、今川は滅亡しそうですから、最後は浪人になるか、武田か織田に拾われて数百石ほど貰って、ミニ領主・松平家に成り下がる道です。松平清康の孫といえば、信玄などは三河領有に野心を抱いていますから、松平旧家臣を味方につけようと、数千石くれることだってあるでしょう。前の章でも述べたように、岡崎にとどまったのには、家康の家臣たちの意向が大きく働いていました。駿府に戻っても家康はとりあえず、お殿様です。しかし、家臣たちは三河の地にすべての基盤があります。今川が撤退し、家康まで駿府に戻ってしまったら、信長が攻めてきて、岡崎の西から順番に家康の家臣は生活基盤の領地を失うはずです。

家康のなかで、三つのアイデンティティがせめぎ合うことになります。ひとつは個人としての生存、もうひとつは家長としての家の存続、さらに家臣の期待を担わされた領主としての責任です。そして家康は領主として岡崎入りを選択するのです。

この時点で、まだ家康は今川方に属していましたので、織田勢と三河西部で小競り合いを始めました。家康としては、やがて今川氏真が軍を率いて、織田を相手に弔い合戦を挑むに違いない、と考えていました。そして、自分はその先鋒を務め、戦果を挙げて、岡崎、安城を今川から安堵《あんど》してもらい、西三河一帯で祖父・清康の勢力圏を再現したい——きっと桶狭間敗戦直後は、そんなヴィジョンだったのでしょう。駿府に使者を立てて、氏真に弔い合戦を呼びかけた記録も残っています。

ところが氏真は一向に応じません。この時、駿府の氏真の目は東や北に向いていたからです。桶狭間で、義元が落命し、側近も討たれると、東の北条氏、北の武田氏など強敵が不穏な動きをみせました。氏真はそちらに気を取られ、ひたすら〈義元の追善営みのほかは之なきよし〉（『落穂集』）、追善の法要をするばかりでした。

　しかし、考えてみれば、これまでの今川家の儀礼や権威を重んじるあり方からすると、氏真の行動は至極当然です。ちゃんと父の追善をしないといけません。氏真は歌合せや書道などに身を入れ、京都から来た白拍子たちと宴会に耽《ふけ》っていたという逸話が残っていますが、父の義元も母が公卿・中御門《なかみかど》家の娘で、戦乱を逃れた公家たちを保護し、上冷泉《かみれいぜい》家の当主から和歌を学んだ文化人でした。前にも述べたように、今川家は足利将軍家とも近い家柄で、高い権威と文化力は、その権力の源でもあったのです。

　しかし、この氏真の姿は、家康にとっては失望以外の何物でもありませんでした。

　私は、ここで家康は彼の生涯のテーマに行き当たったのだと考えています。それは、「人間は文化的権威によって支配するのか、軍事的力によって支配するのか。それとも、あんばいよく、両方で支配するのか」です。

　この場合、権威とは、人間の頭の中に働きかける力です。記号による支配といってもいいでしょう。長い伝統のある家柄とか、官位が高いとか、教養があるといった価値です。

そこに儀式、事務的な手続き、文書による管理といった知的なソフトパワーが結びついて、権威の統治はおこなわれます。今川家は東国では最も古い分国法も定めていました。

対して、力による支配とは武力です。強制力、極言すれば、暴力の支配です。それを支える土台は、兵員の動員力、すなわち領土と人口であり、武器などを備える経済力、技術力です。織田信長はまさに、この力の支配者の代表といえるでしょう。

信長も必ずしも将軍や天皇の権威を無視したわけではありませんが、あくまでも自らの利害のために、権威を利用する面が際立っています。たとえば、自分の武力で、足利義昭を将軍の座に就かせ、おのが意に沿わなくなれば、「異見十七ヶ条」を突きつけ、ついには追放してしまいます。信長にとって権威は、自らの力を補強するためのツールだったといえるでしょう。権威の信者になるのと、権威の使用者になるのとでは、天地の差があります。

家康は桶狭間の戦いで、権威ある存在として、それまで尊敬しひれ伏してきた今川義元を失いました。そのうえ、息子の氏真が仏事ばかりして父の仇を討たず、戦国武士に見限られる情けない姿を見てしまったのです。この時、家康のなかで大きなパラダイムシフトが起こった、と私は考えます。義元教＝文化権威の信者から、信長教＝軍事暴力の信者に傾いていきました。それが行動に現れたのが、この後の「駿河手切れ」、そして「清洲同盟」への転換です。

ただ、家康の面白さは、だからといって信長のように「力の原理主義者」にはならなかった点にあります。それはなぜか。後にあらためて論じたいと思います。

信長との「棲み分け」戦略

家康は、こうしてしばらく、今川家への義理や武士の道といった旗印のもと、着々と自力で本領回復を目指していましたが、やはり、というか、家臣のなかで「もはや駿府はあてにならぬ」との声が高まります。

長年、三河人は隣国の尾張と攻防を繰り返してきました。しかし、三河の国衆のすべてが、親織田派、親今川派と色分けされていたわけではありません。家康の母が尾張の水野氏出身であるように、互いに縁戚関係も結び、人の往来もあります。状況次第で、敵と味方が入り混じり、入れ替わることは珍しくありませんでした。

そこで早くも、桶狭間の戦いから九カ月後の、永禄四年（一五六一）二月ころには、松平家中で「今川を見切って、織田と手を結んではどうか」という議論が盛んになされるようになるのです。結論的には、四月半ばから、家康は今川勢力の多い東三河に向かって侵攻をはじめます。今川氏真は「松平蔵人《くろうど》（＝家康）逆心」と、これを表現した書状を近隣の国衆に乱発します（本多隆成『徳川家康の決断』中公新書）。氏真たち今川にしてみれば、飼い犬に手を噛まれたのも同然で、怒りもあらわに非難したのです。

　家康たちが今川を見限るにあたっての議論が『徳川記』に書かれています。それによると、「大高城で我々は今川に忠義を尽くしました。しかし何の恩賞もありません」とある家来は不満をもらしています。負け戦だから当然、恩賞はないわけです。「しかも、その後も我々が織田領を攻めたりしているのに、氏真はまったく動かず、褒美《ほうび》も（領地の）安堵もないばかりか、三河衆を疑っている節さえある」というわけです。

　そこにまたしても登場するのが、水野信元です。桶狭間のとき、義元戦死の報を伝えてくれた伯父で、家康の一族です。家康に仕えた松平家忠の『家忠日記』などによれば、水野が仲立ちとなり、信長との講和をもちかけています。水野からすると、家康たち松平が岡崎から活発に尾張に出張ってくると、その都度《つど》、応戦しなければなりません。頑強な三河衆を相手に小競り合いを続けていては、家中に犠牲も出ます。講和を結ぶのは、水野家の利益というか悲願です。

では、一方の信長は何を考えていたのか。これも『伊《い》東《そく》法師《ほうし》物語』など諸本に記されていますが、質からいって、論文などでは引用できる史料ではありません。しかし、当時の状況を考えるために、これは紹介すべきです。

「信長曰く、父の代から何年にもわたって三河を攻めているが、決定的な勝利は得られていない。これまでは今川が尾張にまで勢力を伸ばそうとしてきたので、防衛しなければならなかったが、義元が死に、氏真が攻めてこない以上、東からの脅威は遠のいた」

このときの信長にとって、三河よりもはるかに大事なのは美濃に進出することでした。ここで再び太閤検地時点での石高を参照すると、美濃国は五十四万石。尾張と合わせると百万石を超える大勢力になります。

尾張と美濃を両方支配できたら、東海道と中山道《なかせんどう》の両方を押さえられます。さらに、近江に進んで領有できれば、京都に入れ、天下の権を握れます。信長にとって美濃はまさに「天下への扉」でした。苦労し、犠牲を出して、家康の三河を攻めても、天下にはつながって行かないのです。

『伊東法師物語』には、信長がこう言ったと書かれています。これもおそらく史実ではないのですが、信長と家康にとっての、この同盟の意義がわかります。「(家康対策で)岡崎の境目にある数カ所の砦に軍勢を配置しているが、この軍勢を(自分の本隊の)馬廻に引き取ったら、近国(美濃や伊勢)を従えることができるだろう。徳川は(我々)尾張と和睦したならば、箱根峠にむかって(今川領を)横領できる。もし徳川だけで及ばぬ場合は、自分が加勢してもいい」。このメッセージを滝川一益《かずます》などに託し、家康方に伝えた、と、まことしやかに書いてあります。ただ、これは本質を衝《つ》いた見方です。

つまり、この同盟で、信長は西へ行き天下を狙えます。家康は東へ行き東国の太守になれます。この「棲み分け」の構図で、相互利益を図ったのです。

――競合相手とはなるべく「棲み分け戦略」をとる。

――棲み分けが無理とみた時にだけ、徹底して戦う。

これは家康生涯の戦略思想の基本になりました。

京都のある西へ向かわずに、東に向かう戦略です。このとき、三河方で交渉にあたったのが、石川数正とされます。駿府の人質時代から家康と行動をともにしていた石川は、天才外交官でもあり、その後も困難な交渉を何度も成功させました。家康は尾張の信長と接近していき、とうとう東に向かって攻め始めました。今川の東三河の拠点のひとつだった牛久保城《うしくぼ》（いまの愛知県豊川市）に夜襲をかけるのです。永禄四年四月のことでした。これによって、さすがの今川氏真も家康の不穏な動きに気がつき、反撃を始めます。

今川から織田へ、この同盟の組み替えに際して、家康が最も悩んだのは人質として駿府に残している家族のことでした。嫡男の信康が人質に取られていました（『当代記』）。松平家の一門や家臣も、家族を人質に取られている者がいました。

実際、家康が牛久保城攻めを行うと、いまの愛知県豊橋市にあった吉田城の外で人質たちが処刑されました。吉田城の横に川が流れているのですが、史料には、龍拈寺《りゅうねんじ》口というところで船に乗せ、皆が見えるところで串で貫いた、と書かれています。酷いことです。この処刑で、三河衆は今川の仕打ちに怒り、家康のもと一丸となって織田との同盟へ突き進んでいきました。これが「駿河手切れ」です。

ところが、この段階でも、氏真は信康ら家康の妻子を殺しませんでした。前にも述べたように、築山殿は今川氏ときわめて近い関口氏の出身でした。関口氏の娘を妻にし、家康は今川氏の一門に準じた扱いで、今川家で大事にされてきたのです。氏真にすれば一族同様の築山殿を殺すのはしのびなかったのでしょう。築山殿と娘は先に返しました。しかし、人質の信康はたまったものではありません。明日にも呼び出されて串刺しにされるかもしれないという恐怖がずっと続くのです。

家臣の信頼を得たが家庭は崩壊した

　こうした苦境を打開したのが石川数正らでした。築山殿、信康、亀姫の救出作戦を立案したのです。まず蒲郡《がまごおり》にある上《かみ》ノ郷《ごう》城という今川の城を攻めます。この城主が大高城で家康軍に救われた鵜殿氏でした。家康軍は甲賀忍者をつかって夜襲して城主を殺し、子どもたちを生け捕りにしたうえで、氏真に人質交換を持ちかけたのです。石川数正の交渉は見事で、氏真は築山殿、亀姫に加え、信康の人質交換に応じました。

　ただし、この奪還劇は、家康にとってはハッピーエンドではありませんでした。築山殿との関係はその後、修復不可能なほどに悪化しました。もともと築山殿は今川側の人間です。人質にとられ、わが子の命を握られているのに、夫の家康は駿府に帰ってこず、信長との同盟に走ったのですから。築山殿からすれば、自分や子どもよりも岡崎の衆が大事なのか、と嘆き、家康を恨んだことでしょう。

　この夫婦関係の悪化は推測でなく史実です。というのは、この後、築山殿と家康の間には子どもが生まれていないからです。家康は築山殿を岡崎に残して、自分は浜松に居を移し、そこで別の女性に結城秀康を産ませています。しかも、産ませた女性や秀康の扱いが悪く、家康は新しい愛人とこの隠し子を心底、愛していたとは思えません。家康の人生では、この時期が家庭的に一番すさんでいました。最終的に、築山殿と信康は、武田側に接近したという理由で、天正七年（一五七九）、死に追いやられてしまいます。築山殿と家康との齟齬《そご》は、すでにこの時点から始まっていたとみるべきです。

　家臣たちの信頼は勝ち得たが、家庭は崩壊してしまった。それがこの時点での家康です。私はこのあたりから、家康は岡崎のプリンスだった前半生とは、かなり違った人間になってきたとみます。

　ひとつには前に述べたように権威信仰を棄てて、信長風の「実力を信じる」方向への傾きがみられます。もうひとつは今風に言えば家来や世間との「信用のフィードバック」の大切さをより明確に、痛切に体感したのです。家臣たちを信頼し、利益をはかってあげると、彼らも命がけで働いてくれる。すると家康の側もさらに家臣たちの忠義に応えようとする。家康家臣の三河武士団に、このサイクルが出来上がってきたのです。こういう信頼の互酬関係で結ばれた集団は武士団でも企業でも強いものです。この家臣との信頼関係こそ、家康を天下人に押し上げた最大の要因のひとつでしょう。その一方で、築山殿の信頼は失ってしまいました。一度失われた女性の信頼がいかに取り戻せないものかも痛感したと思います。

そして、この時期、家康はさらに重要な相手からの信用を得ることに成功します。その相手とは、言うまでもなく、織田信長でした。

破られなかった同盟

従来の説では、家康は年が明けた永禄五年（一五六二）の正月、清洲の信長に会いに行って同盟を結んだ、とされてきました。第一章で述べたように、現在では、研究者の多くがこれを否定しています。年始の挨拶に赴くというのは、限りなく臣従の礼を取るのに近い行為です。信長が「同盟を本気で結ぶなら、年賀に尾張に来い」と言って、家康を試すような出来事はなかったと思います。ただ、この永禄五年の正月ではなく、両者が密かに、どこかで今川にわからぬよう極秘の直接面談をした可能性は絶無ではないでしょう。

ここで歴史家として気になるのは、家康と信長が、この時期に初めて会ったのかどうかです。第一章でも述べたように、家康は人質として二年間を尾張で過ごしています。熱田神宮の大宮司の家にいたのではないか、という説が有力ですが、そのときに信長は家康に会っているのか。記録には何も残っていません。

信長はきわめて好奇心の強い男です。領内をくまなく狩りをして歩き、今でいうネッシーのような怪物がため池に出たと聞けば、池の水を汲み出させ、自分は脇差一本持って泳いで探索したという逸話まで『信長公記』にはあります。興味を引くものがあったら躊躇しない。その信長が、隣国の若君が人質になっている、と聞いて、見に行かないほうが不思議です。

また織田家中では、三河衆の忠義ぶりも話題になっていました。家康を逃がそうとした家来が磔《はりつけ》になったとか、家康が疱瘡《ほうそう》にかかったとき乳母が食を絶って命を落としたといった逸話がいろいろと残されています。その忠誠心、結束の固さにも、信長のアンテナは強く反応したでしょう。

さて、永禄五年の正月に戻って、家康の清洲訪問「伝説」がどのように語られているか、みておきましょう。家康は行列を仕立てて、清洲の町に入っていく。それを、信長が、どこで迎えるかが非常に重要です。城門を出て出迎えに行くか、門で待っているか、本丸に座ったまま迎えるか。それによって臣従の度合いが分かるのですが、『伊東法師物語』によると、信長は二の丸で家康を迎えています。城門での出迎えではなく、本丸に呼びつけるのでもない、絶妙の場所です。

　繰り返しますが、こういうふうに、史実でなくても、歴史は「どのように尾ひれがつくか」も大事です。歴史の専門研究者は史実の追求ばかりに熱中する悪癖があります。史実の確定だけが歴史ではありません。そこは気を付けねばなりません。一次史料以外の後世の人の作り話やウソ、噂の類もぜんぶ大事です。それは当時や後世の人の意識の反映物だからです。「信長は二の丸で家康を迎えた」という伝承があれば、それはその時代の人が、信長と家康の力関係を、どのようにみていたかを反映しているからです。

　かなり怪しい『伊東法師物語』は、信長・家康会談の様子をこう書きます。物語としては面白いので引用します。信長は「自分は畿内を従えるから、松平殿は駿河をうち従えてくだされ。織田と松平の旗で天下統一ができようぞ」と言って、さらに言葉を継ぎました。「ここに了見あり」と、信長は同盟にあたっての注意点を家康に語ったというのです。

「保元の乱では平清盛と源義朝によって泰平がもたらされたが、後に両者が争って、ともに倒れてしまった。鎌倉幕府を倒した新田義貞と足利尊氏も同様だ。前車の轍《てつ》をみて後車の戒めとしよう」

この信長の発言は、江戸前期に編纂された『武徳大成記』にも記されています。実際に、信長がこう発言したかはわかりませんが、その後、信長と家康は一度も争っていません。家康は信長との同盟を護るために、先に紹介した通り、妻の築山殿ばかりか嫡子の信康まで殺しました。妻子よりも信長との鉄の同盟を選んだのです。

家康にとって信長は仕えるのが大変な同盟相手でした。たとえば元亀元年（一五七〇）に信長が、北近江の浅井長政と越前の朝倉義景の連合軍と戦った姉川の合戦では、家康ははるばる三河から軍勢を率いて大活躍します。姉川というのは琵琶湖の北部です。ここで戦っても、三河衆の領地が増えるわけではありません。手塩にかけて育ててきた三河衆が異国の地で血を流し倒れても、文句ひとつ言わずに奮戦したのです。

逆に家康がピンチのとき、信長本人は戦場に来てくれません。その最たるものが、三方ヶ原の合戦（一五七三年）でしょう。詳しくは第三章で述べますが、信長は信玄をはっきり恐れていて、直接対決を避け続けるのです。

あまり引用されない史料ですが、『前橋酒井家聞書』には、こんな家康のぼやきが残されています。「信長に属する前に、いったん信玄についたら良かった。信玄についた後、それを裏切って信長に属していたら、信長からもっと優遇されたかもしれないのに」といいます。そうしたら、大国ももらえたかもしれない。あんなに苦労しなくても済んだのにという話です。これは案外、家康のホンネを伝えているのではないでしょうか。

前にも述べましたが、家康は本能寺の変に際しても死地を潜り抜ける羽目になります。信長には文字通り死ぬまで大迷惑をかけられたことになります。

信長の要請で三河勢は遠国でも命懸けで戦うのに、信長は武田から十分守ってくれません。これはたいへん不平等な安保条約といえるでしょう。なぜ、そうなるかといえば、尾張の信長のほうが圧倒的に力が強いからです。弱小である三河の家康は一方的に従うしかない状態でした。

しかし、ここが肝心な点です。それでも家康にとって信長との同盟はメリットの方が大きかったのです。まず、尾張から攻められない。さらには尾張が敵側と連携する心配がない。たとえば信長が信玄と通じて、挟み撃ちにされたら、三河はひとたまりもなかったでしょう。

そして、この同盟が維持されたのは、家康が信長からの要請に応え続けたからです。たとえば三方ヶ原では武田軍に敗北しますが、戦国の世では、敗けても大胆に敵に挑むことが信頼を生みます。挑まず、戦わない者は歴史の闇に消えていきます。家康は今川氏真を反面教師として、それを学んだのでしょう。

信長との同盟後、今川領への進出で大きな働きをしたのが、酒井忠次でした。前にも述べましたが、家康とおなじく、松平親氏こと徳阿弥を祖先とする、家康が最も頼りとした家臣です。永禄七年（一五六四）、豊橋の吉田城を外交交渉で手に入れたのを皮切りに、東三河地方の豪族たちの説得から、その後の領地の管理まで、酒井が統括して、「家康のマッカーサー」ともいうべき巧みな進駐政策を行います。こののち、酒井は、武田氏が滅びて、その領地を家康が押さえたときにも同様に、残った武田の家臣団をうまく治めて、その戦力を徳川化していくという作業に当たります。酒井忠次はしばしば家康にとっての諸葛孔明《しょかつこうめい》とも評されますが、実際、この時期の徳川家の政策は、事実上、家康と酒井忠次の二人で決めていたとみていいでしょう。また酒井は戦場での判断も優れていました。これについては、後の章で述べたいと思います。

なぜ信長は部下に裏切られるのか？

では最後に、本章の初めの問いに戻りましょう。なぜ家康は天下人として三百年近く続く体制の礎《いしずえ》を築き、信長は志半ばで倒れたのか。これは家康が信長から何を学んだのか、という問いに重なります。

家康は、信長に従うなかで、多くの術《すべ》を受け取ったと思います。中央＝天下への入り込み方、自分にとって役に立つかどうかで判断する徹底的な合理性、火縄銃や大砲、南蛮の火薬に代表される新しい文物、技術への旺盛な興味、実力主義の組織運用術などです。

しかし、家康の凄さは、信長の失敗、ダメな点を学んだところにあります。一言でいえば、世の「信長疲れ」を見破ったのです。さらに、豊臣秀吉も信長以上に家臣・領民の「秀吉疲れ」を巻き起こす存在でした。信長も秀吉も傑出した天才児で、自分のヴィジョンの現実化に躊躇がありません。そのため、家来や領民に負担を強《し》い、どこまでも踏み込んでくるのです。家康はこの二人の天才児の下で苦労させられ、「あんなふうにやっては長続きしない」と肝に銘じたのでしょう。

たとえば信長は筆頭重臣の柴田勝家を越前国に送った際、統治の要諦を記した「越前国掟」を渡すのですが、そこには「大国を預け置くにあたって、万端に気をつかい、油断があってはいけない」として、「欲を去り、子どもを寵愛せしめ、猿楽・遊興・見物などは禁じよ」「鷹狩りはやめろ」と、細かな指導を与えたうえで、〈とにもかくにも我々を崇敬候て、影後《かげうしろ》にてもあだに思うべからず、我々あるかたへは、足をもささざるように心もち簡要に候〉、つまり信長を崇敬して、足をも向けぬよう心掛けよ、と申し渡すのです。他人の内面にまで踏み込み、神仏に対するような帰依《きえ》を求め、無理を強いる。これが信長のやり方でした。

実際には信長も、意に沿わなかったり失敗したりした部下をみな追放したわけではなく、けっこう辛抱強く再挑戦の機会を与えたりもしているのですが、周りの者からすると、つねに耐えがたいほどの大きなプレッシャーだったことは間違いありません。松永久秀や荒木村重のように、信長から離反する者が後を絶たなかったのも、それが原因のひとつでした。信長の下に仕える者は、どこかで「信長疲れ」を起こしてしまいます。その「信長疲れ」の総決算ともいえるのが、明智光秀の起こした本能寺の変だったといえます。

信用のフィードバック

それに対して、家康はこれ以上、他人や家臣に踏み込まないという境界線を、自分のなかで決めていたように思えます。それを端的にあらわすのが、一向宗への対応です。信長は伊勢・長島や越前の一向一揆を、万単位の犠牲者を出すほど徹底的に弾圧しました。三河でも一向一揆が起こります。家康の家臣のなかからも一揆に与《くみ》する者が出るなど、かなり深刻な事態だったのですが、家康の処置は信長とは違います。家康は鎮圧後、一揆に加わった武士も召し返します。そのなかには後に参謀として活躍し、初期の幕政の要となった本多正信なども含まれていました。農民にも、「年貢は納めろ」「一揆を起こして歯向かってくるな」、この二つだけを守れば、信仰は許し、それ以上の服従は求めておらず、大虐殺はしていません。

これは家臣団に対しても言えることで、戦場では卑怯な真似をせず、勇敢に戦え。それさえやっていれば、秀吉ほど気前よく禄はやれぬが、子孫までちゃんと面倒を見る。この姿勢で一貫しています。

家臣や領民にとって、家康はある程度、「余地」を残してくれる。この安心感は大事です。ここでも家康の「信用のフィードバック」が働いています。領民たちを信用して、その生活に過度に立ち入らず、一定の自治も認める。それによって、領民も家康の支配を受け入れ、その統治が続くことに協力するという好循環です。

こうした家康型統治のキーワードが「棲み分け」でしょう。相手の権益との衝突を極力避ける。そこに大きな政治的メリットがあるのを、家康は信長との同盟時代に学びました。信長は西を目指す、家康は東国へ広がっていく。これなら共存共栄が可能です。どうしても権益がぶつかるときだけ徹底して戦う。これが家康の基本姿勢になります。

後年のことになりますが、家康が天下を取ると、朝廷での官位も上がってきます。家康は右大臣、尾張徳川家や前田家は権大納言、水戸黄門は権中納言と、武士たちが高い官職を占めるようになりました。そうなると困るのが、京都の公家です。もともと官職の定員は決まっていますから、放っておくと、公家のポストがなくなってしまいます。

そこで家康たちは、公家たちの権益をおびやかさない方法を考えました。自分は公家と競合しない征夷大将軍でいい。武士がもらう官位は「当官の外」として別建てにし、朝廷（公家世界）の定員外にしたのです。これなら公家には迷惑がかかりません。

こうした配慮は秀吉にはありません。だから秀吉が関白になり、秀次や秀頼が跡を継ぐようになれば、近衛や二条といった五摂家の権益をあからさまに侵犯することになりました。しかも、秀吉は京都の御所の南東、いまの仙洞《せんとう》御所のあたりに京都新城という巨大な城を築き、天皇の御殿や周りの公家屋敷を見下ろせる高層の楼閣まで建てていました。京都の公家たちにしてみれば、「秀吉のせいで高位の官職につけない。『サル』のヤツに見下ろされる。何とか豊臣が滅びてくれないものか」となります。家康はそれをずっと見ていて、できる限り衝突を避け、棲み分けを行うという形で、頂点に上っていったのです。

信長、秀吉、家康の三者を比較するなら、信長は価値観もふくめ一元的に服従させる権力、秀吉は全てを呑みこもうとする権力、そして家康は棲み分ける権力ということになるでしょう。

このうち、信長型は求心力が強く、急速に成長可能ですが、ブラック化しやすく、メンバーが「信長疲れ」を起こします。秀吉型も強力な成長志向で拡大路線には強いが、朝鮮出兵の失敗のように、行き詰まると、やはり「秀吉疲れ」の弊害が表面化します。そのなかで、もっともサステイナブルだったのが家康の棲み分け路線だったといえます。

家康は若くして「権威による支配か、力による支配か」というテーマに行き当たります。

そして今川氏真の無力さを目の当たりにし、権威の支配に見切りをつけて、力の支配を象徴する信長の追随者になりました。しかし、本能寺の変で、一直線に力の支配を追求した信長の失敗も目撃することになるのです。

権威の支配と力の支配をみて、家康はその両方の限界を知りました。そのうえで、あんばいよく、たどり着いたのが「互酬信用の支配」「棲み分けによる支配」だったのでしょう。そして、これが日本社会によく適合したのです。

第三章　最強の敵・信玄がもたらした「共進化」

第三章は家康の長い生涯でも、最も苦しかった時代、最強の敵といえる武田信玄との対決を見ていきたいと思います。正確に言えば、武田晴信が出家し、武田家を出てからの法名が信玄ですから、「武田の信玄」もしくは単に「信玄」という呼び方で話を進めていきます。

武田抗戦期は、家康にとって苦難の季節であり、同時に、大きく成長を遂げた時期といえます。何故なら、それまで、家康がやっていたのは、今川の手伝い戦か〝三河ローカル〟の低レベルの争いでした。ところが桶狭間合戦の約一年後、今川氏真からの独立運動を始めると、小さな領土争いを超え、信玄のような全国区の強者と対峙し、その勝敗が日本中の外交に波及するようになりました。

家康が今川から独立の動きをみせると、時の将軍、足利義輝は周辺の大名に「駿州三州送っています。駿河・三河戦争が始まったため、周囲の大名に停戦外交の指示を出したのです。きっと家康を止めたい今川から義輝への働きかけがあったのでしょう。後に詳述しますが、この駿河・三河戦争に、甲斐の武田が参入してきます。しかも、それが信長の畿内進出に連動して、日本全土の時代を動かしたのです。

近年、この政治過程については、平山優さんなどの戦国史家が、論文・図書を刊行されています（平山優『徳川家康と武田信玄』角川選書など）。戦国史は次々に最新学説が出る活況で、歴史好きにとっては非常に楽しい状況です。ただ、学術研究は、史実の細部にわたる厳密な検証です。一般の読者が一読しても、なかなか難解な用語もあります。ここでは、そうした最新研究の流れを汲みつつ、わかりやすい言いまわしで説明してみます。

武田家はなぜ強いのか

そもそも武田家とは、どういう家か。そこから解説しましょう。武田家は自他ともに認める武家の名門です。そのルーツは鎌倉以前に、さかのぼります。

源頼朝が鎌倉幕府を開いたので、源氏の中でも河内源氏が本流として、カリスマ化されていきました。河内源氏の筆頭は長男の八幡太郎義家（源義家）です。前九年・後三年の役など東北で暴れ回りました。次男は目立たない賀茂次郎義綱（源義綱）。三男が武田の祖・新羅《しんら》三郎義光（源義光）です。三井寺《みいでら》の新羅明神で元服した三男だから新羅三郎です。武田家は、この新羅三郎の系統の「本家」と目されていました。

義光は、常陸《ひたち》国（いまの茨城県）の有力な平家の豪族の娘と結婚し、子の義清が今のひたちなか市にある武田という村落に居を構えます。これが武田家のルーツなのですが、この時点では弱く、争いに敗れ、甲斐に流されてしまいます。とはいえ、この武田家は新羅三郎の家として、御旗《みはた》という日の丸の旗と、楯無《たてなし》という鎧を持っていました。清和源氏には「源氏八領」という八つの鎧があり、楯無はその一つです。その旗と鎧をもって甲斐の国に入ると、その威光もきいて、武田家は次第に国主にのし上がります。

甲斐に入ると、武田家は軍馬「甲斐の駒」の産育にむく火山性土壌の上で強くなります。強すぎて、頼朝に警戒され粛清されたほどです。それでも甲斐国守護の武勇の大名として戦国に至ります。

河内源氏の三兄弟のうち、長男・義家の系統は、頼朝－頼家－実朝と三代の鎌倉将軍を出しますが、そこで「断絶」です。次男の義綱の系統からも有力な武家は出ていません。それゆえ武田家は「我々は新羅三郎直系。武家の棟梁たりうる名門」の意識を持っていました。

しかし、甲斐武田家には弱点がありました。それは経済です。甲斐は山岳地が八割を占める山国なので、耕作に適した平地が少なく、川の流れも激しく、頻繁に水害が起きます。こうした土地には強い大将が求められます。人々を束ねて大きな治水工事を行う統率力、そして外部と戦って穀物や資源を獲り、狭い縄張りを拡げる軍事力を備えたリーダーです。

その期待に最も応えたのが、武田晴信、のちの信玄でした。晴信は数え二十一歳の頃には有力家臣たちと謀《はか》って、父・信虎を甲斐から追い出し、権力を握りました。

家康、信長がいた中部地区は、島津らがいた南九州と並び、高校野球でいえば強豪校がひしめく戦国大名の激戦地帯だったといえます。そのなかでも最強とされていたのが、甲斐の武田軍でした。

なぜ中部、南九州、次いで東国に強豪の戦国大名が集中したのでしょうか。この地域は京都に近い近畿ほどお寺や神社や住民自治（惣《そう》）の抵抗が強くありません。それで、年貢や家屋税（棟別銭《むなべつせん》）が取りやすいのです。また、土が関係しています。黒ボク土という火山性の土壌が分布する地域で、牧畜、ことに馬産に適しているのです。よい狩場でもあります。

武を「弓馬の道」というように、鉄砲が伝来するまで、武力の核は、弓であり、馬でした。馬に乗り、矢を放つ狩猟は、武士必須の軍事訓練でした。馬産地が近く、狩猟文化が濃い土地は、戦闘力の高い戦国武将が生まれやすい「土壌」でした。しかも、火山のせいで金銀鉱山のおまけがつきます。

そんな土地では、強豪同士の熾《し》烈《れつ》な戦闘の繰り返しで、戦場でのノウハウも蓄積されましたから、戦国大名が共進化を遂げて、ますます強くなっていきました。それが甲信越、北関東、東海、そして九州といった地域だったのです。富士山や阿蘇山が見える所は戦国大名が強いのです。

物見・透破・築城

信玄率いる武田軍団の強さとはどういうものだったのか、具体的に見ていきましょう。

武田といえば「騎馬軍団」のイメージがありましたが、武田が他の武将と比べて超絶した騎馬隊を持っていた史実は見つかりません。甲斐が馬産地だったのは事実ですが、騎馬隊は後世のフィクションの影響であり、最終的には、黒澤映画『影武者』がつけたイメージです。

武田軍の明らかな長所は、まず物見のレベルが高い点です。偵察・警戒がきわめて優れていました。これは甲斐、信濃といった山岳部での戦闘経験で培《つちか》われたものでしょう。山岳は地形が複雑で伏兵も仕掛けやすい。さらに狩猟も盛んです。狩猟は獲物の居場所をしっかり見ておく必要があり、獲物の移動経路も周到に予測しなくてはなりません。世界史的に見ても、スイス、フランスのガスコーニュ地方などの山岳地帯は、古くから多くの傭兵を輩出しています。『三銃士』の主人公、ダルタニャンもガスコーニュ出身という設定です。

情報収集という意味では、透破《すっぱ》と呼ばれる忍びの活用も有名です。地理の把握に勝り、謙信など強敵との戦いで鍛えられた追撃の速さ正確さも特筆すべきものでした。

さらに見落とせない要素は、信玄が多くの軍書を読み、高度な軍事理論の持ち主だったことです。名門武田家の御曹司として、信玄は、当時の武将のなかでも高い教養を備えていました。六韜三略《りくとうさんりやく》や孫子といった中国の兵法書や史書をよく研究しています。当時、中国の軍書の研究でレベルが高かったのは、やはり信玄の甲斐と、多くの史書、医学書などをコレクションしていた直江兼続《かねつぐ》のいた越後の上杉家、安芸《あき》の毛利家でしょう。

もうひとつ、武田の強さは高い築城技術にありました。甲州流の築城として知られていますが、地形を巧みに生かした山城や、丸馬出しと呼ばれる入口の構造など、きわめて強固な要塞を築くのです。私は「武田の不可逆性」と呼んでいますが、一度、武田に領地を取られると、平地でも静岡県にあった田中城のように、難攻不落の城が建てられ、侵略された側は容易に奪還できなくなります。国境線地帯に築かれた城を「境目の城」といいますが、この築城技術が武田はとても高かったのです。

たとえるなら、武田は胡桃《くるみ》です。外側がきわめて堅牢に出来ていて、なかなか割ることができません。しかし、弱点もあります。外側の殻が破られて、内側に侵入されると意外ともろい面がありました。ちなみに、その反対なのが毛利の桃です。毛利は周辺は同盟を結んだ豪族たちが守るので、押せばすぐにへこみ、与《くみ》しやすく思える。しかし、本拠地の安芸に向かっていくと、中には堅い種があるのです。

信玄の家康評

こうして戦国武将の激戦区、中部ブロックでは、長きにわたって甲斐の武田、駿河の今川、相模の北条の三氏が和睦と戦争を繰り返していました。そこに越後統一を成し遂げた上杉景虎（謙信）が加わり、尾張をほぼ掌握した織田信長が桶狭間で今川義元を打ち破りました。そして、三河の家康が今川に見切りをつけ、信長と同盟を結んだのです。これが永禄三〜五年（一五六〇〜一五六二）あたりの状況でした。

この時点では、信玄は今川と同盟を結んでいましたから、信玄からみた家康は、桶狭間を機に今川の手下から織田の手下に寝返った男、という認識だったと思います。最近の研究によると、信玄は手紙の中で、家康を「三河殿」とか「三河守殿」ではなく、単に「岡崎」と呼び捨てているそうです（平山前掲書）。つまり、家康を、三河の支配権を確立した、独立した国主としてはみなしていないわけです。かなり後になっても、信玄が家来にあてた手紙の中に、「家康はもっぱら信長の意見にしたがっている人物だ」と書かれています。信玄は家康を対等の交渉相手とはみなしていませんでした。

ここは重要な点です。信長は家康に無理難題も押しつける厄介な存在ではありますが、一貫して、家康を対等の同盟相手として扱い、家来扱いはしていないのです。信長は、家康が三河から遠州そして駿河へ勢力を伸ばすのを終始、支持していました。

ところが、ここで大きな変化が起きました。またしても信長のせいです。あるいは細川藤孝（幽斎）のせいと言ってもいいかもしれません。

永禄八年（一五六五）のことです。足利幕府に仕えていた細川藤孝は、京都・桂川の西に領地をもらっていたのですが、三好・松永の京都侵攻で主君の将軍・足利義輝を殺され、領地を奪われてしまいます。細川は北に向かって逃走、まだ乳飲み子だった嫡子の忠興《ただおき》は乳母に抱かれて屋敷から脱出しました。細川が所領を取り戻すためには、新しい将軍を作らなくてはならなくなります。

そこで細川が目をつけたのが、義輝の弟ですでに出家していた一乗院覚慶《いちじょういんかくけい》でした。覚慶は三好・松永によって興福寺に軟禁されましたが、細川は仲間とともにこれを奪回します。このとき活躍したのが甲賀に本拠地をもつ和田惟政《これまさ》です。覚慶は甲賀の和田家に留まり、後に足利義昭と名をあらため、我こそは足利将軍家の当主であると名乗りを挙げました。

しかし、最初、細川らが頼りにしていた越前の朝倉義景などの守護大名は動いてくれません。そこで、細川は和田や明智光秀などとはかって、尾張の信長を頼ることにしたのです。

これは信長にとっても、渡りに船でした。当時、信長は隣国、美濃全域の攻略を進めていましたが、美濃を治め、近江の六角氏の領地を突破すれば、もう京都です。そこで新たな将軍を擁立すれば、天下に名がとどろき、多大な影響力を行使できます。豊かな畿内を握って南蛮渡来の火薬を手に入れ、火縄銃を作らせて強大な軍事勢力に成長したい。それが信長の狙いでした。

ここで信長は考えました。上洛途中で、背後から攻められないよう信玄と同盟を結ぼう、と。永禄八年、信長は姪を自分の養女として、信玄の世子である武田勝頼に嫁がせます。この信長の野望（上洛）の実現に欠かせないのが、忠実な同盟者である家康でした。家康に背後を守らせて初めて、信長は上洛できたのです。

もともとは京都の所領を回復したいという細川たちの小さな動きが、中部・東海・近畿一帯を巻き込んだ大戦争を引き起こしたのです。小さなドミノのひと倒れがつながり全面崩壊に至る。これは国際政治でもよく見られる光景です。人間の小さな欲望が、思わぬ連鎖反応を招き、社会全体の巨大な変動を起こす歴史過程はよくあるのです。

「今川分割」の密約

信玄は一筋縄ではいかない人物です。武田家ゆかりの軍学書『甲陽軍鑑』によると、永禄十一年（一五六八）五月、信玄は駿河の今川氏真に使いを出し、「東三河は信玄にください。すでに武田領である伊那と地続きなので、氏真殿が義元の弔い合戦をするときには加勢ができます」と伝えています。そのなかで家康は〈松平蔵人元康というきょう（興）

がるいきもの（生物）出で来たりて〉と書かれています。元康というおかしな奴があらわれて、今川殿の恩も忘れ、義元からもらった「元」の字もなげうって、徳川三河守家康と名乗って三河を治めてしまっている、と述べたうえで、〈家康にとられ候《そうら》わんより信玄に給わり候えかし〉、家康に取られるくらいなら信玄にくれ、というのです。この手紙の現物は残っていないため、一次史料としては確認されていないのですが、信玄の本音がよくあらわれていると思います。しかし、さすがに弱腰の氏真も、この申し出は断りました。信玄の言い分をきいたら最後、とことんまで領土を喰い物にされるのは、お人よしの氏真でさえ、わかっていました。

今川氏真に見切りをつけた信玄は、今度は家康と同盟関係になり、「今川分割」を取り決めます。信玄は北東部から、家康は西側から今川領に攻め入ろうというわけです。おおむね、駿河は信玄、遠江は家康が押さえるという密約でした。

この密約でも、家康は弱者の苦汁を味わいます。当時、同盟締結時には、証人と呼ばれる人質のやりとりが行われるのですが、武田側は人質をよこさず、家康側だけが人質を送ることになったのです。屈辱的ですが、これが当時の家康の実力でした。

このとき、証人として甲府に送られたのが、家康の異父弟である松平（久松）康俊でした。つまり、家康は信玄と事を構えると弟が殺されるかもしれない、という状況に追い込まれるのです。後に家康は、信玄との関係が悪化した元亀元年（一五七〇）十一月、康俊の救出作戦を行います。一行は甲斐国を脱して、三河国に生還するのですが、奥三河の山中を逃げるうちに、康俊は凍傷にかかって両足の指すべてを失ってしまいました。

　それでも家康からすると、「今川分割」がうまくいけば、駿河は信玄に取られるものの、浜松、そして遠州の国府が置かれていた磐田《いわた》の見附《みつけ》が手に入りそうでした。そうなれば、家康の領土は三河と合わせて五十万石を超え、しっかりした基盤を築けます。

　ただ、それは信玄がジェントルに侵出してくるという、戦国時代にはあり得ない仮定上での皮算用でした。信玄の弁護になりますが、戦国大名というものは、約束をただ誠実に守っているだけでは生き残れません。目まぐるしく変わる力関係を見通し、同盟を組み替え、敵を味方に、味方を敵にしながら生存をはかるのが、戦国大名の常態でした。

美少年による「家康暗殺」計画

　実際に今川分割を実行すると、家康は信玄の恐ろしさをあらためて思い知ることになります。
永禄十一年（一五六八）十二月、家康が磐田の見附付近に兵を進めると、武田方はすでに秋山虎繁という武将を侵入させていました。しかも、現地の豪族たちから人質を集める占領政策まで行っていたのです。ただ、この時、武田軍は東の北条氏を警戒しながらの作戦行動だったため、秋山が率いていたのは大軍ではなく分遣隊でした。家康が兵力に物を言わせて、強く抗議した結果、信玄は秋山隊を撤退させました。

信玄の侵攻に備えるため、家康が本拠を岡崎から遠江の「引馬《ひくま》（引間）」に移し、名前を「浜松」に変えたのは元亀元年（一五七〇）のことでした。

このとき徳川勢で、情報戦に鋭いセンスを発揮したのが酒井忠次です。あるとき、武田方に放った忍びが、「甲州衆は、磐田の見附に城が作られたら迷惑と言っている」という報告を上げてきた。それに対し、酒井はそれを鵜呑みにせず、「信玄の心底は、浜松のごとき要害の地を避けて、見附に城を作ってもらいたいのだ」と見抜くのです。見附に城を築くと、梅雨になり天竜川が増水したとき、信長が助けに来られない。そこを見越して、信玄はわざと家康を誘導しようとしたわけです。結局、家康は酒井の進言にしたがい、天竜川よりも尾張寄りの浜松に築城したのです。この話は幕末の『名将言行録』などまで繰り返し引用されます。

この間も、信玄はさらに家康に圧迫をくわえていきます。

後に徳川家が天下を取ったために、徳川幕府の歴史観では、信玄は不誠実な悪役として描かれることが多いのですが、これは少し不公平な見方かもしれません。というのも、家康自身も信玄に学んで、したたかな外交戦略をとるようになっていくからです。

永禄十二年（一五六九）五月、家康は今川氏真を降伏させ、和睦を結びます。同時に、家康は信玄に敵対して今川を援《たす》けている小田原の北条氏とも手を結び、氏真の身柄を北条に預けます。これは信玄からすれば許しがたい裏切り行為でした。家康は北条と結んで、信玄に対抗しようとしたのです。

ただ、家康にとって不運だったのは、元亀二年（一五七一）十月、名将・北条氏康が病で亡くなってしまったことです。氏康が信玄を牽制しているうちは、信玄といえども、容易に家康に手が出せませんでした。ところが氏康の跡を継いだ北条氏政は、やはり自信がなかったのでしょう、信玄と同盟を結んでしまいます。家康は信玄の宿敵・上杉と同盟を結んでいました。こうなるともう、信玄との直接衝突は避けられません。

そもそも信玄と家康の同盟は、今川分割が完了してしまえば、互いにメリットがなくなる「生ものの同盟」でした。一方、家康と信長の同盟は堅い「干物の同盟」です。同盟や契約には干物のように長もちするものと、刺身のようにすぐに腐る賞味期限が短いものがあります。食べ物の賞味期限と同じように、政治家や経営者は自分が結ぶ同盟や契約の堅さと賞味期限を見抜かねばなりません。

信玄の恐ろしさは軍事力だけではありません。家康の暗殺も企てた形跡があります。晩年、家康は身辺に十五歳前後の少女を置きましたが、若い時分は、容姿のいい若者も置きました。井伊直政なども美少年といわれます。信長の所には森乱（蘭丸）がいて、これは戦国の習慣で、家中の顔、「受付美少年」みたいなものです。

信玄は、武田家臣の子どもで、絶世の美男子と評判の「庄之助」に目をつけました。甲斐で不始末をして放逐したように偽装し、浜松に潜入させ、家康の身辺に仕えさせたのです。家康はこの庄之助に寝込みを襲われましたが、すんでの所で助かりました。家康は庄之助に信玄の謀《はかりごと》をすべて自白させた上で、無傷で武田のもとに送り返したのです。寛大すぎる処置を家臣たちがいぶかしむと、家康は、庄之助を助け懐が広い男だとみせれば、将来、武田の家臣団も徳川に心を寄せる、と答えたとされています（『大三川志《だいみかわし》』）。甲斐に戻った庄之助は、信玄に処刑されてしまったとされています。

この庄之助の一件は、発生時期はともかく、あながち伝説とも言えないようです。井伊直政の勲功を記した史料に、家康が武田の忍びに襲われたのをとっさに斬り止めた、との記述がみられます。この時期の家康は、文字通り、枕を高くして寝られない状態でした。家康の居所に暗殺者を送り日常を戦場に変えてしまう忍びの力が武田にはありました。

同時期、信長も苦闘していました。上洛したものの、京都という土地はとにかく守りにくい土地です。交通の要所は、見方を変えれば、四方から攻め込まれます。上洛で、信長は領地を広げ過ぎ、周りに敵を作り過ぎました。永禄の終わりごろから元亀年間（一五七〇～一五七三）にかけて、家康、信長ともに絶体絶命の窮地に陥っていきます。

そして家康が迎えた最大の危機が、元亀三年十二月二十二日（一五七三年一月二十五日）の三方ヶ原の合戦だったのです。

謙信との同盟に信玄が激怒

家康と信玄の緊張は高まる一方でしたが、信長と信玄の同盟はしばらく維持されていました。ところが信長は家康の浜松城に援兵と万石単位の兵糧を送って支援していたのです。

もちろん、信玄はこれに怒ります。信玄からすれば、「信長は上洛のときだけ俺と手を結んでおいて、裏では家康を支援して俺を攻めさせようとしている。ひどい」ということになります。

それで元亀三年（一五七二）十月、武田軍は遠江・三河への侵攻を開始するのです。このとき、信玄が三河の武将、奥平氏に書いた有名な書簡があります。

〈明日国中へ進陣、五日之内越天竜川、向浜松出馬、可散三ケ年之鬱憤候〉

「明日、いよいよ国中（磐田の見附）へ陣を進めます。五日のうちに天竜川を越えて、浜松に向かって出馬します。三年の鬱憤が晴らせるはずです」というわけです。

ここで面白いのは、この数年のうちに、信玄も家康に対して鬱憤を溜めていたと記されていることです。

家康側からすると、「駿河は武田、遠江は徳川とおおむね決めたのに、信玄は約束も守らず、遠江に攻めてきた。ひどい」という理屈になるのですが、信玄側からみると、家康は同盟を結びながら、北条や上杉と連携して、こっそり自分に対して敵対行動をとり続けているわけです。信玄は甲斐源氏の棟梁です。「岡崎のちっぽけな奴がなんと生意気な！」と、名門意識丸出しで怒っていたことでしょう。

やはり家康はただの武将ではありません。信玄との衝突が不可避とみると、腹をくって、最強軍団・武田を敵に回して、その宿敵・上杉と結ぶのです。今川氏真や北条氏政が勇断を避けて没落していったのに比べ、家康の外交戦略は果敢かつ大胆なものでした。

フィクションの世界では新説を無理に出したがる傾向もあります。結果、「氏真や氏政は暗愚といわれているが、それは後世の話で、実は優秀だった」といった新説の姿をした珍説が巷《ちまた》にあふれかねません。名家が滅ぶのは、やっぱり下手を打っているのです。賢明な読者諸氏は外交の証跡を個々にみて、ご判断いただきたいと思います。

そして、元亀三年十月十三日、とうとう家康と信玄の武田本隊との交戦が起きました。一言坂《ひとことざか》の戦いです。

このとき家康が狙ったのは、ヒット・エンド・ラン（もしくはアウェイ）、一撃を加えて素早く逃げる戦法でした。朝から決戦を行うのではなくて、夕方、宵闇にまぎれて攻撃し、一撃を加えたら速やかに撤退するのです。

このとき武田軍が目指していたのは二俣《ふたまた》城でした。ここは浜松城のすぐ北にある遠州平野の「扇の要」の城です。武田軍に一度ここを落とされたら、取り返すのは難しくなるので、徳川軍は天竜川を渡り、今の静岡県磐田市にある一言坂で武田軍とぶつかりました。

三方ヶ原の戦い関連地図

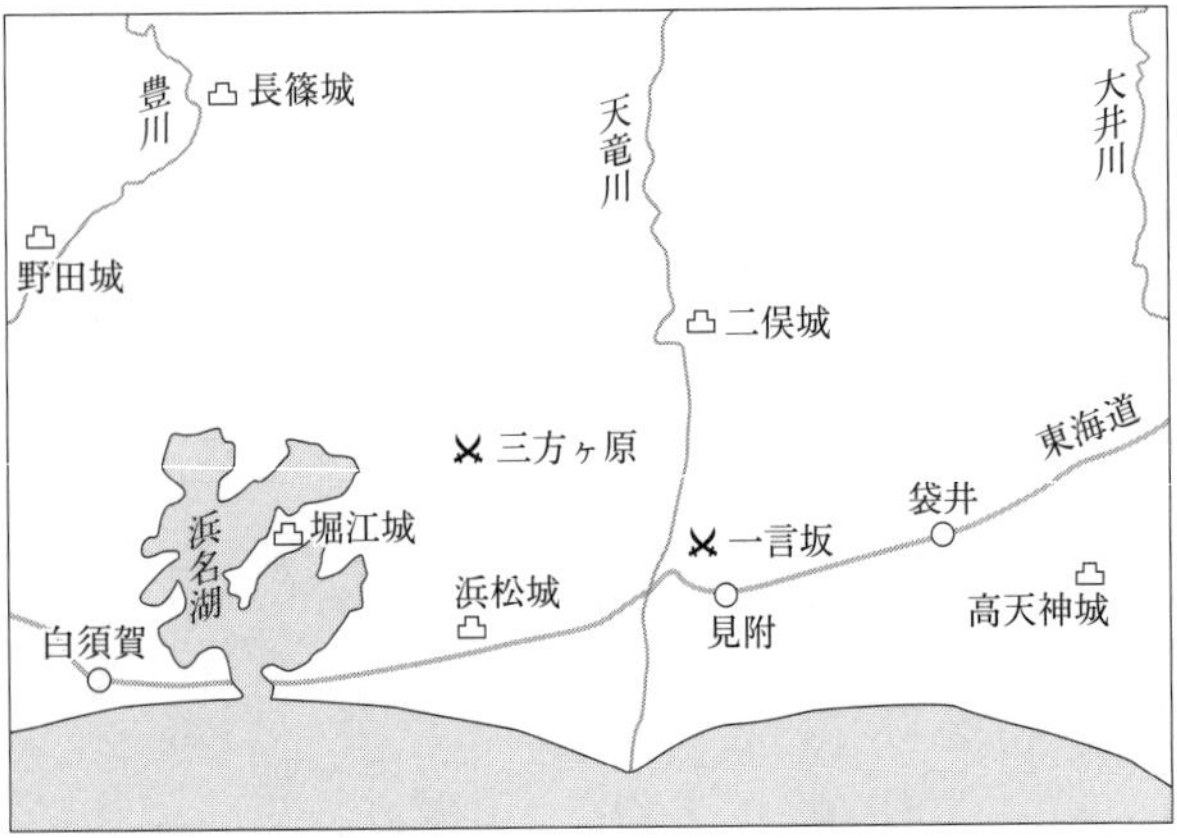

家康には、ここで戦わなければならない理由がありました。それは遠州の豪族たちへのアピールです。家康に帰順したばかりの遠州の武将たちは、日本最強の武田軍団の大軍を前に、裏山に砦を築き、屋敷の堀を深くして、必死に抵抗していました。それを見殺しにすれば、人心は一気に離れ、雪崩《なだれ》を打つように武田側に寝返ってしまいます。家康としては、とにかく出陣して、ファイティングポーズを見せる必要がありました。

私は、この家康の戦略的判断は正しかったと思います。しかし、ヒット・エンド・ラン戦術は完全にはうまくいきませんでした。素早く撤退しようにも、追撃戦の得意な武田軍は、うまく回り込んで徳川軍を捕えてしまったのです。

この撤退戦で徳川軍の殿《しんがり》をつとめ、大活躍したのが後世、徳川きっての勇将としてその名をとどろかす本多平八郎忠勝です。彼の奮戦で、徳川軍は撤退を完了し、浜松城に帰り着けました。これをみた武田の将が「家康に過ぎたるものが二つあり。唐《から》の頭《かしら》に本多平八」という狂歌を詠み、落書として掲げられました。ちなみに唐の頭とは、東南アジアから輸入された、ヤクの毛でつくった兜《かぶと》の飾りで、当時、大変な珍品でした。

私は、これは武田側が仕掛けた心理戦と考えます。本多忠勝の勇猛は事実だったでしょうが、それをおだて、煽《あお》ることで、再び徳川軍を戦場におびき出そうとしたのではないか。この信玄の撒《ま》き餌《え》に気がつかず、もう一度、まんまと食いついてしまったのが、一言坂の戦いからおよそ二カ月後に起きた三方ヶ原の戦いでした。

この間も、信玄はさらに家康に圧迫をくわえていきます。

浜松城には岡崎からの補給ルートが三本ありました。こんにち、姫街道と呼ばれている浜名湖の北側を通る道。これはすでに武田軍に圧迫されていて、ほとんど使い物にならない。第二は浜名湖を船で横断するルートですが、これも青息吐息の状態です。第三は、今《いま》切筋《ぎれすじ》といって、浜名湖の南側の細い道です。途中、海辺もあって、武田の水軍に寸断されそうなルートでした。この不安定なルートだけが徳川勢の生命線となってしまったのです。信玄は今川家の水軍も手中に収めていましたから、海から浜松を脅かせました。それだけ家康は追い詰められていたのです。信長は家康に浜松からの撤退をすすめ、家康は「我もし浜松を去らば刀を踏み折りて武士をやむべし」(『武徳編年集成』)と拒みました。

なぜ三方ヶ原に打って出たのか

三方ヶ原の合戦について詳細を伝える一次史料はほとんど残っておらず、細部は二次的な史料である日記・軍記も参考に再構成するしかありません。まず検討しなくてはならないのは、徳川、武田両軍の兵力です。

武田軍の人数はどのくらいだったのか。軍記物では二万八千とも三万とも書かれていますが、後世の史料ではもっと数が増えます。やはり「神君家康公」がコテンパンに敗れた戦いなので、敵の多勢を強調しだすのです。そのため、正しい数字はつかみにくいのですが、古い史料から武田は二万八千としておきましょう。

一方の徳川軍は、さまざまな史料を突き合わせると、八千人程度だろうと推計されています。ここで興味深いのは、信玄が朝倉義景にあてた手紙です。『戦国遺文　武田氏編』という古文書集にも収められた貴重な一次史料なのですが、そこで信玄は、「聞き得たところによれば、織田信長は岐阜に帰り、引間へ三千余の加勢をしている。不審に思う」、つまり信玄の脅威にさらされた浜松城の家康に、信長が三千人の手勢を送っているというわけです。徳川軍八千人と、織田信長からの援軍三千人、合わせて一万一千人になります。

　しかし、織田の援軍はもっと多かったかもしれません。三千人といえば、わずか八万石の動員兵力です。当時の織田家は畿内まで勢力圏におさめ三百万〜四百万石の力はありました。事実、武田の軍学書『甲陽軍鑑』には〈信長、加勢を九頭までつかまつる〉とあります。九頭＝二万人前後の援軍が準備されたとする史料は、『前橋酒井家聞書』など他にもたくさんあります。

　これをどう考えるかですが、私は信長の援軍が岡崎・山中（豊川付近）・吉田（豊橋）・白須《しらす》賀《か》などと広域に分散配備された記述を重視しています。この時点では信玄がどこにくるか分かりません。広域に配備しておいて、武田軍の動きに対応する構えだったのでしょう。

　信長は武田軍との急戦をさける方針で、「浜松城は出るな。援軍がたどり着くまで野戦はするな」と厳命しています。信長は兵力の温存策でした。家康の家臣たちにも決戦に反対する声は多かったのです。しかし、家康は浜松城を出て、武田軍と戦うことを決意します。戦国史家の平山優さんは、このまま武田軍の進撃を許すと、浜名湖の湖上を結ぶ兵糧のルートが断ち切られる懸念があった点に注目されています。また、この戦いのとき、十三歳だった大久保彦左衛門は『三河物語』で、「(家康公は)敵に背戸(裏庭)をみすみす通られたら沽券《こけん》にかかわる、勝敗は天道次第」と叫び、強引に出撃したと記しています。

さらに大きいのは「戦えない武将は信を失い、人が離れる」というこの戦国の時代の気風からくる鉄の掟です。弔い合戦をしない今川氏真は領国消滅です。遠州が武田軍に蹂躙《じゅうりん》されているのを黙ってみていては遠州の統治はかなわない。そう家康は考えたのです。

そこに武田側の心理作戦が効いてきます。一言坂の戦いなどで家康のヒット・エンド・ランはある程度成功していました。今度もできる。その思いが、家康にあったのでしょう。「戦に多勢無勢はない。天道次第である」と家康は出陣を決めました。家臣たちは「是非に及ばず」と答えます。武田軍を追撃するため、徳川軍は、雪の中を出陣してゆきました。

一方、信玄は物見からの報告で、家康軍の接近に、「しめた」と思ったことでしょう。徳川・織田連合軍は、陣を突き破られ、横槍も入れられました。徳川・織田軍は総崩れになります。

追撃が始まり、家康は何度も命が危なくなります。夕闇に紛《まぎ》れ、一路、浜松城に逃げ帰るのですが、そこで興味深いエピソードが残されています。

『三河之物語』によると、城に帰り着いた後、家来たちの間で、誰が家康の馬のそばにつき従っていたか、という言い争いが起こります。手柄争いです。すると、家康は彼らの刀を取り寄せて、お前は右側にいた、誰それは左側にいた、と言いだします。なんと家康は〈道々ひたもの御唾《つば》吐きなされ候〉、逃走中の混乱の中で、側にいる護衛の家臣たちの刀に次々に唾を吐きかけたというのです。夕闇にまぎれての敗走で、誰が自分の側をはなれず盾になって忠実についてきているのか、顔が見えません。そこで、刀に唾でマーキングをしたわけです。これは単なる伝説でしょうか。『三河之物語』には、「これは丸山という武士が語ったことだ」と証言者まで記されています。生きるか死ぬかの状況で、家康が本当にこういうことを思いついて実行していたとしたら凄いことです。追い詰められても、並外れた冷静さです。

三方ヶ原にまつわる家康伝説はたくさんありますが、もうひとつだけ紹介しましょう。

命からがら浜松城に逃げ帰ってきた家康を、門番が締め出してしまった話が、いくつもの史料に残されています。『大三川志』という、江戸中期の大名・松平頼寛《よりひろ》がまとめた家康の伝記によると、三方ヶ原の合戦で、家康は赤い鎧を着ていたのですが、逃げるときに目立つので、松井忠次（松平康親）が「私の鎧と取り替えましょう」と申し出て、交換するのです。そうして、ようやく居城の浜松城にたどり着くのですが、元目《げんもく》口で門番が、御屋形様がこんな少人数で帰ってくるはずがない、と怪しんでなかなか開けてくれません。そこで家臣の畔柳武重《くろやなぎたけしげ》が「（本物の）家康様だ」と大声を張り上げ、門番は、家康公の顔を何度も確かめてようやく門を開いたといいます。そこからが家康の偉いところで、「門を容易に開かなかったのは職務に忠実である」と、後日、「竹流し」という銀の延べ棒を与えられたと、『畔柳家記』などに記されています。大敗の時こそ、家来の気持ちをがっちりつかむ思考回路が、家康の頭には出来ていたのでしょう。

　家康の後を追って、暗中、浜松城には次々と徳川勢が戻ってきます。信長からの支援物資が豊富にあったので、追撃してきた信玄軍は、鉄砲で迎撃されて、浜松城に入ることはできませんでした。

　ここでも酒井忠次は、無類の情報判断能力をみせます。家康が大敗して帰ってくると、酒井は忍びを放って、信玄の陣に夜討ちを仕掛けられるかどうかを調べようとします。このとき、酒井は「武田の旗の紋を見てこい」と命じます。要するに、昼間戦闘した部隊がそのまま前にいたら、相手も疲労しているから、夜襲を仕掛けることができる。しかし、そこはさすが信玄です。昼間戦っていない部隊が前へ出てきていました。徳川方の夜討ちを想定して、部隊を交替させたのです。

ここで酒井が優れているのは、指示が具体的で、的確なことです。人に調査を依頼するときに、「様子を見てきてくれ」といったあいまいな言い方では、たいていうまくいきません。これは指示を出す側が悪いのであって、細かいところまで想像力を働かせて、「どこで何を確認せよ」といった具体的な命令に落とし込まなければ、調査の実は上がらないのです。

家康の人事

ここで少し寄り道になりますが、家康の人事を見るうえで、酒井忠次の存在は、非常に興味深いものがあります。

この酒井忠次の諜報力と分析力は、信長にも高く評価されていました。のちの長篠の合戦で、信長・家康連合軍と武田軍が対峙しているとき、信長側の物見は「武田勢の備えは厳重だ」と報告します。すると、信長は酒井忠次に敵情を尋ねるのです。酒井は言下に「（武田軍は）いたって小勢」と答えました。信長はそれを受けて、「臆病者の目には鷺も旗に見えるものだ。海道一の武辺者の酒井が敵を見切った。明日は大勝利で、甲斐信濃へ付け入って乱入するぞ」と宣言したと伝えられています。実際の合戦時にも、武田の背後に回り込んで、大活躍をみせた酒井に、信長は「お前は前だけではなく、後ろにも目があるのか」と感嘆したといいます。

ここまで有能な家臣だと、他の大名家ではお家乗っ取りも起こりかねません。しかし、それが起きなかったのが、徳川家でした。これは家康が天下人になるための必要不可欠な条件だったといえます。ナンバー2の家が粉骨砕身主家を盛り立てるのでなくては、とてもトップにはなれません。

逆に言えば、自分より能力の高い人物を、右腕として信頼し、起用し続けたところが、家康の器量だったともいえるでしょう。

大惨敗にみせた真骨頂

そこであらためて三方ヶ原の合戦を総括してみましょう。

戦闘ではぼろ負けしましたが、その割に、家康側は死活的なダメージは負わなかったのです。桶狭間の戦いでは、今川方は、総大将の義元を失い、重要な武将を討たれ、大打撃を受けました。それに比べ、三方ヶ原では家康自身の命は保たれ、重臣の多くは生還しました。

重要なのは、家康が戦う姿勢を見せたことです。今川氏真や北条氏政のように、戦うべきときに戦わないと、求心力が失われ、家臣たちの離反が始まってしまいますが、それが起きませんでした。

一方、武田軍の陣営では、浜松城を落とすのにどれくらいの時間がかかるか、見積もりが行われました。彼らが第一に重視したのは、十二カ国をもつ織田信長の動向です。家康の後ろには、織田の大軍が控えていました。第二に、〈三河一国なるが、これは武辺の国〉と『甲陽軍鑑』に書かれていますが、三河の兵は強い、徳川軍はあなどれない、との認識を武田軍は持っていて、これが考慮に入れられました。三河の兵五千は、上方の二万に相当し、これを勘案すると、浜松城を落とすのに一カ月はかかってしまう。その間に、信長の大軍が押し寄せたら、やはりまずい。こういう結論が出て、武田軍は浜松城本体ではなく、その補給拠点である堀江城を急いで攻める決定がなされました。補給路を断って、浜松城を孤立させる戦略を選んだわけです。

三方ヶ原の戦いは、家康にとって、生涯最大の危機でした。しかし、大敗の直後から、すぐに善後策を実行しています。このあたりに、のちの天下人、家康の真骨頂をみることができるでしょう。

信玄は年が明けて元亀四年（一五七三）、三河へ兵を進めますが、病が悪化します。四月には、甲斐に引き返すと決め、その途上で、死を迎えます。家康は運の強い男でもありました。

信玄との戦いが「天下人の素地」を作った

最後に、信玄との戦いで家康が失ったものと得たものを考えてみましょう。

最も大きな損失は、家族・家中の平穏だったと思います。信玄の死後も、武田との対峙は続き、家臣のなかにも武田側の息がかかった者が出てきます。それだけ、三方ヶ原での敗戦は重いものでした。生き残るには武田を敵に回してはならないと考え、内通者があらわれたのも、無理のないことでした。家康は徳川家内部の疑心暗鬼とも戦わねばならなくなったのです。

そんななか、天正七年（一五七九）に妻である築山殿、嫡男の信康を武田氏への内通容疑で処刑する羽目になります。この処刑について、信長からの強要との説がありますが、私はやはり家康自身が内通の裏付けを得たうえで、処刑を最終決断したと考えます。これについては、次章で改めて述べます。

しかし、得たものも少なくありませんでした。それは、武田軍と戦うために、自分たちに何が欠けているのか謙虚に考える「学び」です。

武田に比べて物見がよくない。武田軍と互角に戦えるのは本多忠勝くらいで突撃力もない。そんな状態で、ヒット・エンド・ランの無謀な運任せの野戦をしてはいけない。家康と徳川軍は、武田に敗戦という高い授業料を払って学び始めました。

信玄とのハイレベルな戦いは徳川軍の切磋《せっさ》琢磨《たくま》に十分でした。家康はこのあと天正期に、物見の改良に始まり、軍団間での情報共有、効率のいい指揮命令系統、軍団の編成、築城術の改善などを進めていきます。

これは単なる戦術面の「学び」だけでなく、人材登用にもつながっていきます。武田勝頼の代になり、武田家が滅亡すると、家康は、自分たちをあれほど苦しめた武田の遺した家臣を手に入れて、子飼いの武将、井伊直政につけて、切り込み隊（お先手）として、前衛に配備するのです。それが名高い「井伊の赤備え」です。鎧兜を赤でそろえるのも、武田四天王のひとり、山県昌景《やまがたまさかげ》の部隊を真似たものでした。

ちなみにはじめ家康は、この武田の最強軍団を酒井忠次に任せようとしました。徳川家の揺るぎなきナンバー2で、旧武田領への進駐政策も担当していたのですから、まず文句の出ないところです。武士にとって、強い兵力を付属させられることは、命の保証にほかなりません。酒井にとってもおいしい話でした。

ところが、酒井はこの話を断ります。徳川家の将来のためには、若い井伊直政に武田の最強軍団を付属させるべきだ、というのです。井伊家はもともと遠江の井伊谷《いいのや》の豪族で、代々の三河武士ではありませんでした。その井伊を徳川家の主力として位置づけることは、旧武田の人々にとっても、働き次第で出世ができることを示すことにもなります。ここが大事なところで、酒井忠次は、自分の利益よりも徳川家全体の利益を優先して考えられた。家康が過酷な戦国の世を勝ち残り、天下をとれたのは、こうした人物をナンバー2に持てたことが大きかったと思います。

反対に、あまり褒められたものではなかったのが、徳川四天王のひとり、榊原康政でした。榊原は「なぜ甲州者を直政にお預けになった。せめて半分ずつ自分と直政にお預けになるべきだ。口惜しいので、直政と刺し違えようと、暇乞《いとまご》いに来た」と酒井のところに押しかけたのです。酒井は「勝手なことをしたら、私が榊原一門を串刺しにするぞ」と一喝したそうです。「自分が直政を推薦したのだ、その理由はこれこれしかじかだ」と諭《さと》すと、榊原もおとなしくなったと伝わっています。これが史実かどうかは確認できませんが、このような話が信じられていたのが、徳川の家中でした。

これまで家康は、信長や秀吉に比べ、保守的で、代々仕えた三河武士を大事にしてきた、とのイメージで語られがちでした。しかし、敵の最強軍団をリクルートしてきて、自軍の中核に据える大胆な軍事改革の人事は、家康しかやっていません。家康は、外部のものでも、本当に優れたものなら、躊躇なく取り入れる革新性を併《あわ》せ持っていたのです。これも彼が天下を取れた要因の一つです。

第四章　二つの滅亡　長篠の合戦と本能寺の変

三方ヶ原の合戦に敗れ、命からがら浜松城に逃げ帰った家康でしたが、まだ危機は去っていません。浜松城は補給路を断たれつつありました（平山優『新説　家康と三方原合戦』ＮＨＫ出版新書）。武田勢は、織田軍の本隊と浜松平野で衝突するのを避ける意図を抱きながら、浜名湖の北側の山間部に進み、元亀四年（一五七三）二月には野田城を落としてしまいました。『松平記』によると、このとき武田軍は三万五千いたとされています。対する家康軍は多くても八千騎いなかったとされています。

しかし、家康は幸運な男でもありました。信玄は進撃の途中で病に倒れ、甲斐に戻る途上で、命を落とします。元亀四年四月のことでした。

『松平記』には、野田城攻めの前後の混乱の中で、〈その競り合いに信玄、鉄砲に当たり給う〉、つまり徳川勢の撃った弾が信玄に当たったと書かれています。その傷がもととなって信玄は亡くなったのだ、といいたいのでしょうが、歴史学者としてみるならば、やはり信玄は病死だったと考えられます。徳川家としては、言い伝えのなかでは、苦汁を飲まされ続けた信玄に一矢を報いたかったのでしょう。

信玄は重臣たちに、三年は〈死に給うことを沙汰なきよう〉（『松平記』）、自分の死を伏せて、弔いも出すなと厳命します。こちらは史実です。つまり、信玄は自分の死後の武田家に大きな懸念をもっていたことがわかります。

しかし、死を隠せと言われても容易なことではありません。跡を継いだ武田勝頼は困りました。信玄が病に伏せっているというので、同盟関係にあった北条氏政は、家臣の板部《いたべ》岡江雪斎《おかこうせつさい》をお見舞いの使いとして差し向けます。当然、戦国の世のことですから、これは偵察でもあります。武田家は仕方がないので、信玄の弟で、最も信玄に似ていた武田信廉《のぶかど》を床につかせ、屏風《びょうぶ》を立てて、夜、板部岡を次の間に招いて、二言三言あいさつをさせたのです。板部岡はまんまとだまされ、小田原に戻って「信玄存生《ぞんじょう》疑いなし」と報告した、という逸話が残されています。

一騎当千のつわものが居並ぶ武田家をまとめていくのは容易ではありません。そのうえ、勝頼の身の上には武田家の当主となるにあたり、大きなハンディキャップがありました。

それは出自です。

勝頼の母は、信濃諏訪の領主、諏訪頼重の娘でした。諏訪氏は信玄が甲斐の当主となる際に争い、滅ぼされた一族です。そもそも信玄が、敵対した諏訪氏の娘を側室に迎えること自体、武田家内では強い反対の声もあったほどです。そのため勝頼は、永禄五年（一五六二）、「高遠《たかとお》」の諏訪家の跡取りとなり、諏訪四郎勝頼となります。

ところがその後、父親の信玄が、やらかしました。嫡男と目されていた武田義信を、飯《お》富《ぶ》虎昌《とらまさ》や長坂源五郎といった重臣たちとともに信玄暗殺を計画した疑いで、永禄八年（一五六五）に幽閉、廃嫡します。そのせいで、傍流の勝頼が、信玄の後継者として実質的に披露されてしまったのです。

勝頼は「勝」の字の下に、諏訪家の男子がよくつける通字《とおりじ》「頼」をつけた名前です。武田家では、信虎－晴信（信玄）－義信というように、当主や当主候補には「信」の字がつきます。勝頼は信玄の子ではありますが、名前からして「よその人」でした。信玄の遺言では、勝頼は家督（後継者）でなく、武田信勝（勝頼の長子）を家督として「陣代（代理）」とされたとまで記す史料さえあります（『甲陽軍鑑』）。さすがに、この勝頼陣代説は作り話として否定する研究者が多いのですが、この時の勝頼の危うい立場をよく表しています。

こういう武田家ですから、カリスマ信玄の跡を継いで、家臣たちを納得させるだけのリーダーシップを発揮するのは至難の業です。さらに義信廃嫡事件にみられるように、家臣団の内部もけっして一枚岩ではなく、複雑な政略争いも伏在していました。それに加えて、敵国の領主を母方のルーツとし、一時は武田家配下の一領主にすぎなかった勝頼です。たとえるならば、吸収合併され子会社となったライバル企業の跡取りが、いきなり本社の社長になってしまったようなものです。しかも、勝頼はまだ若く、歴戦の重臣たちからすれば、まさに小童《こわっぱ》でした。このときの勝頼の立場がいかに不安定であったのかは、やや難しい本ですが、丸島和洋『武田勝頼』（平凡社）などで近年、学術的に明らかにされています。

そこで、武田家の新しいリーダーとして認められたい勝頼が最も欲したものが、戦争でした。常に外に兵を向け、勝って、領土を広げることです。尾崎豊の歌『僕が僕であるために』ではありませんが、勝頼が勝頼であるためには、つまり武田家の当主であるためには、「勝ち続けなきゃならない」苦しい立場だったのです。

これも現代でもよく見られますが、リーダーが組織内で強い求心力を持てなかったり、本人に自信がない場合に、かえって外敵を求め、戦闘的になるケースがあります。私はこれを「無理筋の攻め」と呼んでいますが、この無理筋の攻めがしばしば国家や組織を滅亡に導きます。私はかつて中曽根康弘さんの『自省録』の聞き手をやったことがありますが、中曽根さんは、昭和の戦争を念頭に置いて、「国内の事情で外交をやってはならない」と常々、語っていました。しかし、お家の事情のために、相手の状況や力関係、外部環境を無視した外交や戦争を行ってしまうミスは、実際の歴史によくあることなのです。

こうして戦い続けることを余儀なくされた勝頼と、信長・家康連合軍との間で、血みどろの戦いが継続されます。そこで要となったのが三つの城でした。東から高天神《たかてんじん》、二俣、長篠です。

私はこれを「武田の瓶のふた」と呼んでいますが、武田家が西に進出してくるとき、ここで押さえなくてはならないという地が、この三つの城でした。まず、いまの静岡県掛川市の崖の上にあるのが高天神城で、東海道沿いに駿河から浜松城を落としに行く際に要となる拠点でした。勝頼はこの城を猛烈に攻め、天正二年（一五七四）六月に、家康から奪います。

そして第二の二俣城は、天竜川と二俣川の合流地点にある山城で、ここから浜松まで山が一つもなく、平野が開けています。元亀三年（一五七二）、武田軍にこの城を奪われ、浜松城の家康たちは衝撃をうけます。武田は、依田信蕃《よだのぶしげ》というものすごく強い武将に、この城を守らせ、浜松平野への出口を握って、ここから浜松城を狙い始めました。

　この二俣城付近での戦闘はすさまじいものがありました。そこで余談を二つ。激戦地帯だった二俣では大量の兵器が必要となったはずです。そこで重要なのが鍛冶屋でした。時は流れて、この二俣の近くの鍛冶屋の家から生まれたのがホンダの創業者・本田宗一郎です。偶然といえば偶然ですが、いまの浜松の近くに多くのモノづくり企業が生まれているのは事実です。それから、二俣城を徳川勢から守り抜いた依田家の一族にあたる家来の中に、手塚という家がありました。手塚治虫の家です。この戦いの中に身を置いた人々の子孫から、昭和を代表する人物が出てくるさまを想像するのも、歴史の愉しみのひとつでしょう。

　そして、第三が長篠城です。今の愛知県新城市にあったこの城は、やはり二つの川の合流地点にある断崖の上に置かれていました。一度は武田軍に占領されますが、信玄が病に倒れ、甲斐に戻る隙を衝《つ》いて、家康が奪還に成功します。そして、この長篠城を守ったのが奥平氏でした。

　もともと奥平氏は山家三方衆《やまがさんぽうしゅう》といって奥三河の有力な三豪族のひとつだったのですが、

今川から徳川、そして武田と従う相手を次々替えて生き延びてきました。この奥平家の当主となった奥平貞能《さだよし》、貞昌（のちに信昌）親子は信玄の死を知り、家康につきます。元亀四年（一五七三）六月、奥平家から家康にあてた書状では、徳川方に属することと、信玄は確実に死んでいることが記されています。

奥平氏は奥三河で大きな勢力でしたから、この寝返りは、信長・家康連合にとって非常に重要でした。そこで信長は、家康に娘の亀姫を奥平貞昌に嫁がせるよう命じるのです。亀姫と婚約した貞昌は、武田家に人質にとられていた妻のおふうを離縁。勝頼はおふうら奥平の人質三人を、機物《はたもの》にかける、つまり磔にしてしまいます。

この奥平の離反を受けて、武田勝頼は天正三年（一五七五）五月、一万五千とされる軍勢を率いて、長篠城を攻めます。これが長篠の合戦のはじまりでした。

それに対して、長篠城に立てこもった奥平勢はわずか五百人という圧倒的な劣勢でしたが、援軍が来るまで、武田の大軍による包囲攻撃を死に物狂いで耐え、持ちこたえたのです。生き残れば亀姫を手に入れ、徳川家の婿になれる約束でした。奥平貞昌も命がけだったでしょう。そこにやってきたのが、信長軍三万、家康軍八千とされる連合軍でした。

ここで少し横道に入ります。面白がって、司馬遼太郎さん風にいえば「徳川家の面白さは、このような奥平家の役割を幕末にも持ち越したことにある」とでも書ける話がありま す。時代は下って、家康が天下を取ったのち、薩摩には島津、福岡には黒田、長州には毛利といった油断のならない大名が居座ることになりました。そこで用心深い江戸幕府は、宮崎の延岡と大分の中津に、親徳川である譜代大名を配置します。このとき、中津藩を任されたのが、まさに奥平家でした。かつて奥平氏が孤立無援で長篠城を守ったように、もし九州一帯が徳川家に逆らったとき、中津に立てこもって徹底抗戦せよ、というわけです。

幕末、この中津藩に藩士の子として生まれたのが福沢諭吉です。中津のあたりは、長崎も近く、宣教師たちも活発に活動しており、西洋学の基盤がありました。福沢は、戊辰《ぼしん》戦争後、新政府に出仕した勝海舟と榎本武揚に対して、幕臣としての矜持《きょうじ》がない、なぜやせ我慢を貫かないのか、と批判する『瘠我慢の説』を書きますが、これは長篠城で「やせ我慢」を通した奥平家の家中の行動原理が、顔をのぞかせたのかもしれません。

勝利のカギは柵と弾薬

長篠の合戦に戻りましょう。

これまで信長は武田軍の本隊との接触をできる限り回避してきました。しかし信玄の脅威と対峙し続けているうちに、信長は武田軍の戦術や行動パターンをリサーチし、分析していたのだと思います。

まず信長は、勝利を急ぐ武田勝頼は積極果敢に野戦に打って出るだろうと予測しました。勝頼軍は一万五千人（『信長公記』、『甲陽軍鑑』）、信長・家康軍はあわせて四万人（『当代記』）ですから、この兵力集中の段階で、勝頼の劣勢は明らかです。普通の武将なら正面衝突は避けるでしょう。しかし、信長・家康は、背伸びをした攻めを好む勝頼の性格を見抜いていました。勝つことでしか求心力を保てない勝頼は、逃げる、回避するという選択を取れなかったのです。さらに信長は、武田軍の強みは何かを考えたと思います。武田軍は追撃戦が得意である。逃げても機動力を生かして追いつかれ、多大な被害を出してしまう。これに対処するにはどうしたらいいのか。

そこで信長は長篠城の近くの設楽原《したらがはら》を戦場に選びます。機動力を奪うには、地面がぬかるんでいたほうがいいのですが、折しも時は旧暦の五月。新暦でいえば六月、梅雨の季節です。旧暦の五月十八日、設楽原に着陣した信長・家康軍が始めたのは土木工事でした。台地を削って険しい急斜面とし、土塁を積み上げて、柵を結う。この柵で、武田軍の動きを止めたり、妨げたりするのです。その時分の日本ではまだ珍しかった大規模な横一線の野戦築城です。これらはみな武田軍の機動力を減じるための作業でした。こうして、信長・家康は、時期も、戦力も、戦術も十分準備したうえで、勝頼をおびき出したのです。そのうえ、家康は酒井忠次の策を入れ、別動隊を編成して迅速に長篠城を救援する奇襲作戦で、勝頼軍の退路を断ちました。勝頼は敵から〈前後より攻められ〉る形になり（『信長公記』）、どうしても前面の信長・家康連合軍を突破しなければならなくなりました（丸島前掲書）。勝頼軍が無謀とも思える馬防柵への突撃を繰り返したのには、そんな裏事情があったのです。

　長篠の合戦といえば、かつては「信長・家康方は鉄砲隊を三段に並べ、かわるがわる撃たせることで、押し寄せる武田の騎馬軍団を撃退した」といわれてきましたが、これは後世に作られたイメージです。戦国時代には馬に乗った武者とそれに徒歩で従う従卒とがセットで編成されていて、騎馬だけで編成された部隊は考えにくいのです。また三段撃ちも、三カ所で撃ったのならともかく、今日ではほぼ否定されています。

　信長・家康軍の勝利のカギを握ったのは、馬などを防ぐ柵、そして弾薬の物量でした。『松平記』によると、天正三年（一五七五）五月二十一日の卯の刻に合戦は始まりました。

信長、家康は〈陣の前に柵をしげく振り〉とあります。柵は振るものです。「しげく」とは、多く、さかんに、という意味です。柵を多く密に立てたわけです。『松平記』は江戸時代前期に書かれたとされていますが、この時代の人たちまでは、長篠合戦では柵が特徴的で重要だった、との認識がちゃんと伝わっていたようです。

　では鉄砲については『松平記』にどう書かれているかというと、〈諸手の中よりすぐれたる兵を抜き抜きみな歩兵とし、鉄砲の上手を選び、大久保治右衛門につき、先手を仰せつけられ候〉、つまり射撃上手を抜擢し、相手側の位の高そうな武士を狙って撃たせたわけです。そして〈さんざんに戦い、味方より鉄砲をしげく撃ちかけられ〉とあります。実はこここそが長篠の合戦の勝敗の分かれ目でした。

　これまで長篠の合戦では、信長・家康軍が火縄銃を三千丁持っていた、と主に、『信長公記』に記された鉄砲の数が注目されてきました。そこに、戦国史の専門研究者が活字化された史料ばかり見て原本確認を怠っていた「虚」をついた研究が出ました。『信長公記』の諸本のなかには「千丁」と書いてあるものや、千の字の脇に小さく「三」を書き足したものがあるという指摘が出たのです（藤本正行『信長の戦争』講談社学術文庫）。

　しかし、近年、また新たな長篠合戦像が提起されてきました。近世史の研究家、藤田達生さんは『戦国日本の軍事革命』（中公新書）のなかで、弾薬の重要性を強調しています。織田と武田で、圧倒的な差があったのは、弾と火薬の量と質ではないか。この視点は重要です。鉄砲とは弾と火薬がなければ機能しない兵器です。このうち硫黄は日本列島内で調達できるのですが、当時は硝石と鉛を入手することが難しく、硝石は中国、鉛は東南アジアから輸入するほかなかったのです。

　武田軍も鉄砲は持っていたのですが、その弾の多くは銅製や鉄製でした。これは城跡などから出土した鉄砲玉から確認できます。武田氏と同じ東国の北条氏も同様で、ビタ銭やお寺の鐘を溶かして、弾にしていました。

　それに対して、堺などの重要な港を押さえ、豊かな平野部に領地を持ち、南蛮人とも交流があった信長は、豊富に鉛や硝石を調達できました。銅や鉄よりも、鉛のほうが重くて柔らかいので、敵に当たったときの殺傷力が大きいのです。また低い温度で溶けるので、弾丸への加工も容易で素早くできました。

　ここで思い出してください。三方ヶ原の戦いの前、一言坂の戦いで家康が信玄に一矢報いたとき、「家康に過ぎたるものが二つあり。唐の頭に本多平八」という戯《ざ》れ歌が流布しましたが、「唐の頭」とはヤクの毛を飾った兜でした。これは家康が海外から文物を輸入していたことを意味しています。家康は浜松時代から、海外に強い関心を抱いていました。浜松の海岸に、唐（中国）船が漂着すると、早速面談して、交流しようとしています。「唐人五官」という者を城下に住ませ、五官が医療を士民に施し、唐糸の刺繍を流行《はや》らせました。家康のおかげで、戦国の浜松女子が海外ファッションの糸や毬《まり》を手にして喜んでいたといいます（『旅籠町平右衛門記録』）。当然、戦争の帰趨《きすう》を左右する弾薬も同じルートで手に入れるものです。現代歴史学の観点からすると、武田軍と信長・家康軍の決定的な差は、海外市場とアクセスできていたかどうかにあったといえるのです。

このことから、信長がなぜ天下を狙い、海外への雄飛を目論んでいたかも説明できます。弾も火薬も西からやってくる。その貿易ルートを押さえるためには、九州を支配下におかなければなりません。そして中国から東南アジアに形成されつつある貿易ネットワークににらみを利かせないと、自分の権力基盤は安定しないのです。信長にはそれがわかっていました。

信長の関心が西に向かっていたことは、家臣たちに与えた役職名や名前からもうかがえます。これは司馬遼太郎さんの小説にも出てきますが、たとえば明智光秀は日向守、秀吉は筑前守。九州の国司の名前を与えています。さらに丹羽《にわ》長秀は惟住《これずみ》長秀、明智光秀は惟《これ》任《とう》光秀と、いずれも九州の名族の名字に変えさせているのです。つまり信長は、いずれ彼らを九州に配置し、対外進出の司令官にするつもりだったのでしょう。

強みが弱みに

また組織論の観点から興味深いのは、勝頼の負け方です。大きな組織が衰退する原因は共通しています。それは、それまで強みであった要素が、一気に弱みに転じることです。たとえば日本型経営です。かつては終身雇用や年功序列は、日本企業に安定をもたらし、長期的な取り組みを可能にする「強み」だとされてきました。それが今では、激しい変化に対応できないという「弱み」になってしまいました。

逆説的な言い方になりますが、勝頼の敗因のひとつは「武田軍の強さ」にありました。これは歴史の教訓ですが、武闘派は強さゆえに戦いすぎて滅びます。機動力を誇る武田軍は、これまでの家康との戦いで、うまく野戦に持ち込み、敵に強く攻めかかれば必ず勝てる、という成功体験を重ねてきました。それに対して、信長・家康は武田軍の勝ちパターンをあえてつくり、相手が野戦を挑んでくるように仕掛けたのです。

これは世界の歴史でもしばしばみられるケースです。ナポレオンでさえも、はめられました。彼の得意戦術は集中的に砲撃を浴びせ、火力で制圧したところに、騎馬隊、歩兵隊に突撃させて、敵陣を突破するというものでした。しかし、後年になると、相手国も学習を重ね、火砲運用を充実させました。突破しやすいと見せかけた地点をあえて作り、ナポレオンが攻めてきたところを同様に火砲で叩くといった真似っこ戦術もみせるようになったのです。ナポレオンは次第に勝てなくなり、捕まって島流しになりました。

最近では二〇二二年のウクライナ侵攻です。ロシアはソ連時代からの勝ちパターンをドクトリン（戦闘教義）にして、その教義の通りに、まず圧倒的な砲撃を加え、戦車と歩兵に突撃させ、一点突破をはかろうとしました。いわゆる縦深攻撃戦法です。ところが、今回は、砲を撃った途端に位置を特定され、ウクライナ軍の精密誘導弾が飛んできて、ロシア軍の砲兵システムや機甲部隊は大損害をうけています。西側諸国から提供される誘導弾の飛距離が現在の八十キロから百五十キロに延ばされると、さらにロシアは苦しくなるはずです。

このように強い相手と戦う場合には、まず相手の勝ちパターンを分析することが、後発で後ろを追いかける「弱者の戦略」としては重要です。そして、その優位性を崩すためにはどうしたらいいかを分析します。場合によっては、強者である相手が、勝てると思いこむように誘導し、罠にはめる。はじめは弱者であとから勝ちあがる者は、しばしば、そうしています。

武田側にとって痛かったのは、この長篠の戦いで、多くの重臣、名将が死んでしまったことです。俗に「赤備え」で知られる最強軍団を率いていた山県三郎兵衛昌景をはじめ、馬場信春、内藤昌秀（昌豊）といった、武田家の中枢といえる譜代家老たちも命を落としました。真田幸村（信繁）のおじにあたる真田源太左衛門尉信綱、真田兵部丞昌輝といった名将も討ち死にです。ここでも教訓ですが、組織にとって最大のダメージは、やはり人材を失うことなのです。

一方、家康にとって最大の戦利品は、遠江、三河の人々に「徳川はやっぱり強い」というアピールができたことでしょう。三方ヶ原の敗戦から高天神城が落とされ、二俣城も占拠された中、現地の豪族たちに見捨てられたら、失地を回復するのはきわめて困難だったはずです。

『松平記』によると、長篠の合戦のあと、信長・家康軍は、武田勢の戦死者を一カ所に集めて埋めます。そして築いた大きな塚を「信玄塚」と名付けています。これはよく考えると、おかしいのです。信玄はとうに死んでこの世におらず、信長・家康が戦ったのは勝頼だったはずです。おそらく、これも情報戦です。信玄塚と名付けることは、現地の人々に対する「もう信玄の頃のような強い武田は終わった」というアピールです。さらに「勝頼と名乗る武田の甲斐なくていくさに負けて信濃悪さよ」といった狂歌も流行らせています。これは必ずしも勝者の驕《おご》りだけではなく、戦後の統治を行いやすくするためという政治目的があったのです。

　しかし、さすがは武田家です。しぶといものでした。長篠での大勝の勢いに乗って、徳川軍は武田軍の勢力下になっていた二俣城や諏訪原城などを攻めます。さらに家康が小山城（いまの静岡県吉田町）を攻めようとしたとき、家老衆は「信長に加勢を頼んで攻めたほうがいい」と進言したのです（『当代記』）。しかし、家康は聞きません。酒井忠次が「勝頼は若い大将で、血気の勇将、猪武者といいます。長篠で大負けし、力を失っても、強い大将です。甲州で死に残りを集めて軍勢を作り、ここ（小山城）へ後詰します」と説得しました。ところが、家康は「勝頼の臆病神のさめぬ間に、城を攻め落す。勝頼は三年から五年は攻めて来ない」（『遠州高天神軍記』）と言い張ったと伝わります。松井忠次（松平康親）も「長篠の合戦で武田の手足となってきた家臣は皆、戦死した。勝頼一人が猛々《たけだけ》しくたって、どうやって小山の城を救えるのか」（『家忠日記増補』、『松平周防守康親譜』）と、攻撃を主張した、との伝承があります。これら攻撃派の発言には何の裏付けもありません。毛沢東の言葉に「調査なくして発言権なし」というものがありますが、会議などの際、肝に銘じておくべき鉄則といえるでしょう。

一方、酒井忠次の発言の裏には、調査がありました。忍びを放って、勝頼が領内で無理して兵隊を徴発しており、こちらに送り込んでくる可能性が高いことを摑んでいたようです。はたして勝頼は大動員をかけて出陣してきます。多くの重臣、武将が戦死してしまったので、その子どもたち、十二、三歳で元服が済んだばかりの者（『三河物語』）、僧侶から還俗《げんぞく》させた者までかき集め（『大三川志』）、一万三千の兵で大井川のほとりまでやってきたのです（『酒井本三河記』）。家康軍は酒井の奮戦で、かろうじて撤退することができました。これらの伝承が本当ならば、戦略眼という意味では、酒井のほうが家康よりも上だったといえます。

そこで家康軍は撤退するのですが、ここで興味深いエピソードが残っています。小山城攻めから引き上げるとき、家康の嫡男である信康が、自分が殿《しんがり》を務めると名乗りを上げます（『三河物語』）。退却戦では、末尾に位置するしんがりが最も敵の攻撃を受けやすいため、信康が勇敢な武将だったという逸話として語られることが多いのですが、私が注目したいのは、このときの家康の反応です。息子の申し出に対して、家康も自分が最後に撤退するといって、なかなか動こうとしません。こんな緊急事態で家康と嫡男・信康がしんがり争いの親子喧嘩を始めたのです。その後の悲劇的ななりゆきを考えあわせると、このあたりから家康と信康の親子関係に隙間風が吹き始めているともとれるのです。

この時、信康は父からの伝令に「また来たら斬り殺す」とまでいったとの伝承もあります（『御当家紀年録』）。『松平記』は、信康について〈武辺はすぐれ給う〉と評価しながらも、慈悲がないとして、次のような陰惨なエピソードを紹介しています。信康が鷹狩に出たところ、獲物が取れなかった。帰り道、僧侶に出会うと「狩り場に出て出家に会うと、獲物が少なくなるという」と言うや、僧侶を縄で縛って、馬で引きずって殺してしまった、と。徳川史観では、家康は常に正しく、信康はその家康に逆らったため、実際よりも悪人として描かれている可能性もあります。

いずれにしても、家康と信康の関係は、その後、どんどん悪化していきました。そこには武田の諜報作戦が深く関わっていたと思われます。

武田が忍びの者を活用して、敵方の情報をとったり、諜報によって家中をかき乱したりすることに長《た》けていたことは、前にも述べました。私は、信玄の死後、武田は日本の歴史上、かつてないほどの諜報戦を仕掛けたと見ています。

松平信康を殺した諜報戦

長篠の合戦で敗れた勝頼でしたが、武田家は簡単に滅びていったのではありません。武田にまだ残されていたのが、信玄時代に養った絶大な諜報力、謀略を遂行する能力でした。追い詰められた軍事強国は、往々にして謀略作戦に傾いていくものですが、武田家も例外ではありません。

その結果、三人の武将が命を落としました。松平信康、織田信長、明智光秀です。つまり、家康による長男と正室の処刑、そして本能寺の変にも武田の諜報戦が深く影響を及ぼした可能性が高いのです。

歴史的な時系列からすると、築山殿が処刑され、松平信康が自決したのが天正七年（一五七九）の秋です。その後、天正十年（一五八二）三月に武田勝頼が敗北して自刃し、武田家は滅亡します。そして、同年六月二日に本能寺の変が起きました。ここが武田家の恐ろしいところです。武田の仕掛けた諜報の毒は、滅亡後もじわじわと織田内部を蝕《むしば》み、疑心暗鬼を生んでいったのです。

では時系列に沿って、徳川家の悲劇から見ていきましょう。

話は少し遡《さかのぼ》って、長篠の合戦が起きた天正三年（一五七五）、岡崎城下で大岡《おおか》弥四郎という男が処刑されます。この事件については、柴裕之「松平信康事件は、なぜ起きたのか？」が新しい研究です。

この大岡は、身分の低い者でしたが、算盤が使えて弁舌爽やか、何を命じてもうまくやってのけました。そこで取り立てられて、会計を任されたり、三河の代官に抜擢されたりするうちに、岡崎にいる信康のもとに出入りするようになるのです。こういう人物を「出頭人《しゅっとうにん》」といいます。主君の前にしょっちゅう顔を出して、可愛がられている便利な者という意味ですが、この大岡が武田に内通していました。大岡本人は鋸挽《のこぎりび》きになり、妻子五人は磔にされました（『三河物語』）。徳川家の抜擢人事に乗っかって、武田は内通者を仕込んでいたわけです。

私は、この大岡弥四郎事件がその後の徳川家の人事方針に与えた影響は小さくない、と考えています。日本社会は身内志向、生え抜き重視で今も外部からの抜擢が少ない傾向があります。人材を十分に活用できない傾向が強いのは、徳川の天下のなかで受け継がれ育まれたものです。うがった見方をすれば、まったく、この大岡事件と無関係ではないのかもしれません。

　織田信長は徹底した能力主義者で、何度も裏切られたり、離反されたりしても、才能があると判断すれば、外から来た新たな人材を登用しつづけました。その代表が明智光秀であり、豊臣秀吉です。

　信長の跡を継いだ秀吉も、もともと歴代の家来などいません。そのため、人材発掘にはきわめて熱心で、これはと思った人物は他人の家来でも欲しがり、取り立てていきました。その代表例が石川数正でしょう。家康が今川の人質だった時代から近侍として仕え、外交官として活躍、さらには西三河の統治を任され、信康の死後は岡崎城代まで務めた石川数正でしたが、秀吉との交渉役を務めるうちに三河を離れ、秀吉の家臣となって、後に松本十万石の大名となりました。

　そこで家康です。家康も最初はそれほど閉鎖的な人事をやる主義ではありませんでした。ところが、大岡事件で、人材を抜擢登用して、ひどい目にあいました。筋目でない外部の人間には、通謀など大きなリスクがあると、身をもって経験してしまったのです。家康は経験から学ぶ人です。よそから入り込んできた者は最終的には信じられないところがあり、多少気が利かなくて不便でも、先祖代々譜代として仕えている、昔から組織の中に居座っている人たちのほうが信用できる、と考えたのではないでしょうか。

　こうした家康の慎重な組織論が、徳川家支配が二百六十年続く中で前例となり、日本型の世襲と縁故採用に重きを置く組織体が出来上がってはいないでしょうか。最近まで、日本の中央官庁、とりわけ警察庁では、特定の大学、しかも特定学部の出身者、しかも男性の比率が著しく高かったものです。医学の世界も、かつては学閥が幅をきかせていました。試験があるとはいえ、人材の幅があまりにも狭くなる「結果」が続くと、国家＝公として適切かという問題が生じます。

　多様性や混在よりも仲間内での同質の「安心」を取る組織伝統は、徳川支配のなかで発展したものです。それが幕末維新以後も、幕藩の譜代重視主義→藩閥主義→学閥主義と変化しながらも、受け継がれていったものでしょう。組織の閉鎖化が進むと、大学病院ドラマ（『ドクターX～外科医・大門未知子』）のようになります。ボスの病院長に子分の医師が「御意！」と返事するコメディになりかねません。大岡弥四郎事件、そして、その後の徳川の天下の成立がこの国に与えた影響を、つい考えてしまうのです。外部抜擢が好きな信長や、能力重視の秀吉の支配が長く続いていたら、日本型組織は少し違った形になっていたのでしょうか。

この大岡事件から、もうひとつ見て取ることができるのは、徳川家のスパイを摘発する能力、すなわちカウンター・インテリジェンスの高さです。忍びに入り込まれても、まったく気がつかない大名も数ある中で、徳川家では、前にも触れたように、暗殺を未然に防いだり、内通者を見つけて処刑したりと、ちゃんと察知し、対処しています。今でいえばハッカーの攻撃に対処しているうちに、情報セキュリティ能力が向上するようなもので、ここでも武田家の凄まじい諜報戦が、徳川家を進化させたわけです。

さて、大岡弥四郎が岡崎の信康に取り入ったことでもわかるように、武田が攻撃目標として目をつけたのが、徳川家の家庭内の不和でした。家康が浜松にいるのに、正妻と嫡男はずっと岡崎にいます。それにしたがって、家臣たちも浜松派と岡崎派に分かれていきます。そのなかで信康とその母、そしてそれを取り巻くグループが武田側に接近しているのでは、という疑いがもたれるようになります。こうした疑心暗鬼を生むこと自体が、武田の諜報戦でした。「敵側の亀裂につけこめ」。これは諜報作戦の鉄則のひとつです。

実は、「築山殿」という呼び名が、家康との不仲を象徴しています。家康の正室は前にも述べたように、今川家の重臣の娘でした。そのため駿河御前と呼ばれていたのですが、長篠の合戦の前後には、家康は彼女を岡崎城からも追い出して、築山のある屋敷に押し込めてしまいました。そこで築山御前、築山殿と呼ばれるようになったのです。

浜松と岡崎の関係がぎくしゃくするなか、『三河物語』などで、お家分裂の悪役として登場するのが、信長の娘で、信康の正室となっていた徳姫です。松平側の史料では、この徳姫が信長に、信康と築山殿が武田と通じているのではないか、と吹き込んだことになっています。さらに信長が酒井忠次にことの真偽を尋ねたところ、信康には何度も意見をしたのだが、一向に聞こうとしなかったという答えが返ってきました。そこで信長が、家康に妻と息子を殺すよう命じたとされています。

とはいえ、いくら信長に言われたからといって、家康がまったくの事実無根だと考えていたら、さすがに嫡男は殺さなかったでしょう。多くの研究者が、岡崎の信康と築山殿の処刑の裏には、対武田の外交方針をめぐって、浜松の家康たちとの路線対立があったとみています（柴裕之『徳川家康』平凡社など）。武田からの猛烈な攻撃にさらされ、信長からの直接的な援護がなかなか得られない局面で、岡崎の信康の近くには、親武田のグループがあり、クーデターまで計画された可能性があります。前掲の本多隆成『徳川家康の決断』は、『家忠日記』天正六年（一五七八）二月四日条に、信康の母から便りがきた、とあることについて、築山殿自身が「家臣に対するいわば多数派工作が行われていたとも受け取られかねない動き」をしていたと、さらに踏み込んだ表現をしています。築山殿は徳川家中に親武田派をつくる多数派工作をしていたのでしょうか。もちろん、家康からすると、武田と戦ううえで、外交方針をめぐる浜松と岡崎の意志の分裂は、何をおいても取り除くべきものでした。

それでも家康は信康をすぐには殺しません。海辺の大浜に置いたり、遠江の堀江に移したり、二俣城まで連れて行ったりと、身柄を転々と移しています。もしかすると、家康は、信康が隙を見て逃げてくれないかと考えていたかもしれません。大浜からは船を出せば、北条領へと逃げられます。二俣は武田との国境の近くです。結局、天正七年（一五七九）の秋、築山殿は浜松城まで護送される途中で殺され、信康も二俣城で切腹しました。

武田家滅亡

天正三年（一五七五）、長篠の戦いで敗れた武田勝頼が、織田信長に本拠地、甲州を攻められ、天目山《てんもくざん》で自害を遂げたのが天正十年（一五八二）三月のことです。武田の滅亡過程については、平山優『武田氏滅亡』（角川選書）という本も出ています。史実の細部を知りたい方は、これを参照されるとよいでしょう。

　長篠の戦い以後、勝頼の命運を握っていたのが、遠江に残された武田方のくさび、高天神城でした。『三河物語』には、アリ一匹這い出る隙もないほどの堅城だったとされていますが、長篠の戦いから長い間、この城を守り抜いたのが岡部元信というきわめて優秀な武将でした。徳川方は補給路を遮断し、高天神城の周りに砦を六つも築いて攻め続け（『三河物語』）、天正八年（一五八〇）八月にいよいよ大攻勢をかけます。これに対し、勝頼は援軍を送れませんでした。そして、天正九年三月、ついに高天神城は落城します。このとき、勝頼は武田家当主としての政治的生命を失いました。勝頼が高天神城に援軍を送れなかったことは、敗戦よりも、もっと決定的な信頼の喪失となったのです。

　信長はそれを狙っていました。信長は「武田四郎（勝頼）の分際では重ねて後巻《うしろまき》（再度来援）はできないだろう」と言いました。勝頼に高天神城を見殺しにさせ、「その響き（影響）をもって」、武田の諸城を手に入れる作戦でした（「水野忠重宛織田信長朱印状」）。実際、家康も信長のこの作戦に乗りました。城側との降伏交渉には冷淡で、城兵を追い詰め、最後は容赦なく殺しました。

一般に主従関係というと、江戸時代にみられた、主君が命令し家来が一方的に従うというものをイメージしがちですが、実際にはそうではありません。家臣も主君に守ってもらえなければ、ついていきません。頼んでも守ってくれない「頼もしくない」主君は主君でなくなるのです。それが戦国です。

とくに所属するメリットが失われた場合、家臣団の崩壊は速やかに進行します。「強さ」という最大のメリットを失った武田家は、その典型例でした。さらに勝頼は「戦う姿勢」すら示せなくなってしまったのです。これは他の武将についても言えることで、織田家は信長という存在自体が最大のメリットでした。それを本能寺の変で失うと、織田家中は空中分解しました。秀吉の場合、メリットは「財力」、領地・金品を与える力です。それが朝鮮半島への侵略が失敗して、これ以上領地を与えられなくなると、とたんに豊臣政権の崩壊が始まりました。実にわかりやすいものです。

家康が与えた最も重要なメリットは「安心」だったのかもしれません。領地を保証してくれ、泰平を維持してくれる安心感です。それが損なわれたのが、幕末における海外の脅威でした。黒船のもたらした不安に対し、幕府が安心感を用意できなかったとき、すぐに徳川からの離心力が働きだしたのです。

興味深いのは、その不安に敏感に反応したのが、天皇とその朝廷だったことです。家康から三代家光の時代までに、徳川家は「天皇の権威」を取り込もうと、娘を嫁がせるなど密接にやり取りを重ねました。「禁裏付」の武士に伊賀・甲賀の忍びをつけて監視し、謀略もさんざんやったようです。後水尾天皇が徳川の娘でなく、他のお局（側室）に宮様を産ませたら困ります。徳川は天皇の子も殺したとの史料もあります。「お局衆の腹に、宮様たちが、いかほども出来たのに、押し殺し、また流し申した」と、幕府の命で京都に入った細川忠興が息子の忠利あての書状に記しています。

はじめこそ手荒な手段を取ったものの、次第に、徳川家は天皇を自分の体制に組み込んでいきました。家康の死後、歴代の天皇、皇族、高位の公家たちは家康の法事で供養をします。徳川のもとでの天下泰平を願い、写経に参加し、日光東照宮に奉納していました。このような将軍と天皇のもちつもたれつの相互依存・補完関係は次第に当たり前になっていきました。

幕末の孝明天皇（明治天皇の父）などはその伝統内で育っていますから、「徳川将軍の廃絶」には明確に反対で、嫌がる徳川慶喜《よしのぶ》に「将軍になれ」と内々の勅命を下しさえしたのです（慶応二年十一月二十七日の内勅）。しかし、翌月、孝明天皇が天然痘に罹患し、不審死もささやかれる崩御となり、薩摩や長州といった勢力が、徳川と天皇の切り離しに成功すると、幕府は一年で倒れました。

　話を武田家に戻しましょう。

　高天神城の落城を機に、武田家からは家臣たちが次々に離れていきます。たとえば信濃の木曾義昌は武田領に侵攻する信長軍の道案内を買って出ますし、武田の御一門衆で勝頼の義理の兄弟にあたる穴山梅雪も甲府から人質を連れだして、信長軍に内応し、家康の与力となりました。天正十年（一五八二）二月に織田軍の侵攻が始まると、武田は総崩れとなり、三月十一日、織田軍に捕らえられた勝頼は正室、嫡男とともに自害しました。

　家康はこうした武田家の滅亡からも学びを得ます。数万人を擁した武田の最強軍団が、滅びるときには勝頼にわずか数十騎が従うのみとなった姿を目の当たりにして、どうやったら危機に際して離散しない家臣団を作れるのかを考えたようです。

　それは武田家の遺臣たちの処遇にあらわれています。最後まで勝頼のもとに残った土屋惣蔵昌恒という武将がいました。「土屋の片手斬り」といって、勝頼たちが細い崖の一本道を逃げていく時、土屋は勝頼を逃がそうと、崖に落ちないよう藤の蔓《つる》を片手で摑み、追いすがる徳川勢と片手で戦い続けた伝説が残されています。家康はそれを憶えていました。六年後に駿河清見寺《せいけんじ》で、土屋の遺児（忠直）を見つけると連れ帰り、「秀忠の近習になれ」と命じたのです（辻善之助「理慶尼記一名武田勝頼滅亡記解題」）。これは家康による秀忠への教育であり、家臣たちへの教育でしょう。たとえ敵であっても、主君が滅ぶまで従い、武士の一分を守った忠義の者は、厚く処遇するのだ、と示したのです。土屋家は、その後、土浦藩主として続いていきます。面白いことに、この土屋の一族は『忠臣蔵』にも登場します。討ち入りのとき、隣家から提灯《ちょうちん》で吉良邸を照らしてくれたのがこの土屋氏でした。

本能寺の変と武田の毒

さて、いよいよ本能寺の変です。なぜ明智光秀は信長を裏切ったのかについては、これまでありとあらゆる説が唱えられてきました。誤解のないように言っておきますと、私は「本能寺の変の黒幕は武田家だった」と主張したいのではありません。そもそも本能寺の変は天正十年（一五八二）六月二日。すでに武田家は滅びています。

武田はそれよりもずっと前から、徳川同様、織田の家中にも離間工作を盛んに仕掛けていました。そのなかで重要なターゲットになった一人が、明智光秀だったと考えられます。

もともと光秀は、織田方の有力武将として、さまざまな外交関係を結んでいました。そのなかには武田や長宗我部《ちょうそかべ》といった、信長と敵対する勢力や微妙な関係の集団も含まれていました。光秀は強い野心を持ったしたたかな人物といえます。イエズス会の宣教師フロイスは光秀のことを「過度の利欲と野心が募り」（『日本史』）と書いています。そこまで悪く言わなくても、と思うのですが、光秀は一筋縄ではいかない有能さで、ひそかに独自の外交もやっていた形跡があります。

武田による光秀への工作がうかがえる史料があります。熊本藩細川家の『綿考輯録《めんこうしゅうろく》』です。前にも述べましたが、細川幽斎は明智光秀らとともに語らって、信長に足利義昭の将軍擁立を持ちかけて以来、光秀の盟友であり、その息子の細川忠興の正室、ガラシャは光秀の娘という深い関係にありました。

光秀の謀反のあと、明智家の主だった人物はほとんど殺されてしまいましたが、わずかな生き残りは、細川家に縁を頼って来ました。その一人が、光秀の筆頭家老だった斎藤利《とし》三《みつ》の子どもの一人、三存《みつなか》です。年齢が若かったせいもあり生き残って、のちには徳川秀忠にも仕えました。『綿考輯録』には、その三存の次のような証言が記されています。明智方の枢要の地位にいて、生き残った人物の証言は大切です。

武田家滅亡に際し、武田家の一門でもあった有力武将の穴山梅雪が信長、家康の軍門に降《くだ》ります。そのとき光秀は、穴山の口から信長に、「内々の逆意が露見するのを恐れて」、つまり武田に通じていたと暴露されるのを恐れて、「取り急ぎ謀反心を起こされた」というのです。つまり光秀は武田との内通を武田の一族である穴山に知られており、それが信長に伝わる前に、先手を打った。そう『綿考輯録』は示唆《しさ》しています。全てを信じることはできませんが、こうした証言がある以上、考慮しないわけにはいきません。

武田は信長方の重要人物たちの間にさまざまなくさびを打ち込み、信長との離間をはかっていました。そうした調略の毒は、武田家が滅びたのちにも効いてきて、ついには信長をも殺してしまった可能性があるのです。

本能寺の変に至るまでに、光秀と信長の関係が離れていく原因として、近年、クローズアップされているのが「四国説」です。光秀は信長の命で、四国の大大名・長宗我部元親との交渉窓口を務めていました。信長が武田と戦っている間は、それでよかったのです。ところが羽柴秀吉が中国地方の攻略を予想以上に進め、阿波の三好康長が信長に接近してきました。さらに、信長は武田を滅ぼすと、強気になり、光秀の対四国方針が嫌になって覆しはじめました。まず信長は、讃岐を三男・神戸信孝に、阿波を三好康長に与える命令を出してしまいました（「神戸信孝宛織田信長朱印状」天正十年五月七日付）。長宗我部の四国を分割して、「織田の島」にする方向の決定でした。あわてた長宗我部は、光秀の家老を通じて「阿波の城からは撤退した。甲州征伐から信長が帰陣したら指示に従う」などと、急に譲歩してきました（石谷家文書「長曾我部元親書状」天正十年五月二十一日付）。光秀はこれを信長に報告したはずです。そんな長宗我部の手のひら返しは、信長には腹立たしく、それを取り持つ光秀にも信長は不信感を持ったでしょう。対四国政策で、信長と光秀は意見が対立し、疑心暗鬼に陥って、本能寺の変が起きてしまった、と考えるのが「四国説」です。

　また、信長には自分が輝きたい志向をもつ家臣の僭上《せんじょう》を許さないところがあります。しかし、光秀はもとより上昇志向の強い人です。細川家の『綿考輯録』は、光秀が信長を自邸に招いたときの話を載せています。光秀が自邸の十八畳敷の広間に通したところ、信長は気に入らず、広すぎると言って食事もとらずに帰ってしまったと伝わっています。信長の屋敷には八畳より広い部屋はなく、とかく自分は他人が優っていることが嫌いだ、と捨て台詞《ぜりふ》をはいたというのです。

信長は人を試します。心理学に「見捨てられ不安」という概念があるのですが、「こいつは自分から離れるのではないか」という不安を抱えている人は、相手が自分を捨てないか、試したくなる。光秀は、どうもそこがよく分かっていなかったのではないかと思います。

その意味で、私が重要だったと考えるのは、光秀の妹とされる、御ツマキという女性の存在です。これは『信長徹底解読』（文学通信）という、多くの信長研究者の最新の研究をまとめた本でくわしく紹介されていますが、ツマキは信長の近くで仕えた優秀な女性キャリアでした。このツマキはおそらく美濃の豪族、妻木氏と関係があると思われます。史料によると、興福寺と東大寺の間でトラブルが生じたときに、信長が裁定を行いましたが、その際に、ツマキが信長の内命を伝えたとされています。実はこの時代、朝廷でも室町幕府でも、書類の発給や外交の場で、少なからぬ女性キャリアが活躍していたのです。

ところが天正九年（一五八一）八月に、このツマキが亡くなってしまいます。『多聞院日記』という史料によると、〈去る七日・八日の比《ころ》か、惟任《これとう》の妹の御ツマキ死におわんぬ。信長一段のキヨシ也、向州比類なく力落とす也〉。惟任、向州はいずれも光秀のことです。「キヨシ」はさまざまな解釈がありますが、気に入られていた、という意味でいいでしょう。つまり、信長に一番気に入られていた妹が亡くなって、光秀は非常に気を落とした。

それはもちろん妹を亡くした悲しみもあったでしょうが、この死によって、信長の気分とか反応といったパーソナルな情報が入らなくなり、光秀はますます信長の考えていることがわからなくなってしまったのではないでしょうか。ツマキの死から一年経たずして、本能寺の変は起きました。

家康が「追い腹を切る」と言った理由

さて、この章の最後に述べなければならないのは、家康にとっての本能寺の変です。

甲州で武田家を滅ぼした信長は、安土《あづち》への帰路につきました。家康は信長から駿河一国を与えられます。駿河を通る信長に対し、家康は万全の準備で手厚くもてなします。ただ家康は信長に知られぬよう、武田の落ち武者をかくまいます。家康はかつて二俣城でさんざん困らされた依田信蕃に会い、自分の領内に隠しました（『依田記』）。昨日の敵は今日の味方です。戦場で強く、道をわきまえた武士には恩を売り、味方に取り込むのが、弱者としての家康の戦略です。天正十年（一五八二）五月、家康は穴山梅雪を伴って、駿河を賜ったお礼に、安土を訪問することになります。

そのあと家康と穴山梅雪は信長の提案で、堺見物に出かけます。その帰路、光秀のクーデターを知ると、家康は「京師（都）におもむき、信長のために光秀を討たん。もし、いくさに利あらずんば、東山の知恩院に入って自殺せん」（『武徳大成記』）と言い出して、本多忠勝たち家臣に止められた逸話があるのですが、このとき、本気で切腹しようと考えていたのでしょうか。私は疑問だと思います。

これまでも見てきたように、家康はここぞという節目では、自分の言行が周りにどう伝わるか、後世に残るかを冷静に意識しています。大恩ある信長が襲われ、すぐ近くにいながら、おめおめと逃げ帰ったのでは武士の面目が立ちません。「切腹する」と言っても、家臣たちが絶対に止めることもよく分かっていたと思います。そこで堺から伊賀の山中を通り、伊勢国から船に乗って、伊勢湾を渡り、三河の大浜に帰り着きます。これが後世「神君伊賀越え」として知られる脱出行ですが、この途中、距離を置いて移動していた穴山梅雪一行は落ち武者狩りに遭って命を落としており、相当に危険なルートだったといえるでしょう。

よく家康は堺にいたから助かった、幸運だったと言われますが、「伊賀越え」のリスクを考えると一概にそうとも言えません。織田有楽斎《うらくさい》（信長の弟）のように京都の二条城にいてもちゃんと逃げられた人もいますし（『武家事紀』）、本多忠勝をはじめ優秀な家臣もついていますから、むしろ交通の便が圧倒的にいい京都にいたほうが早く三河に戻れた可能性もあります。そうなると、秀吉に先んじて光秀を討てないにしても、安土城付近まで早く兵を出せたかもしれません。

もし本能寺の変が起きずに、信長がその後も生きながらえていたとしたら、家康は信長政権下の東の方面司令官として、東海道を東に進む役割を負わされたことでしょう。信長の本隊や秀吉、光秀は西に向かい、九州を押さえて、海外を狙う。それに対して、東の斬り込み隊長が家康というのが、信長の構想でした。そのために信長は家康に駿河の国を与えたわけです。そうなると、家康の次の敵は北条氏になったはずです。

しかし、信長の横死によって、新しい勢力図が生まれていきます。今川義元が桶狭間に倒れると、家康の前には遠江という空白地帯が広がり、同時に信玄という強敵が立ちふさがります。信玄が死ぬと、駿河、甲斐、信濃に権力の空白が生じ、駿河に進出できました。信長の死によって、尾張という空白地帯が生じたのですが、ここで家康は秀吉という新たな強敵と対峙することになってしまったのです。

では、家康は秀吉というラスボスといかに戦い、天下人となったか。最終章で述べたいと思います。

第五章　天下人への道

天正十年（一五八二）六月、本能寺の変で、明智光秀はあの織田信長を倒しました。しかし、天下人にはなれませんでした。その光秀を山崎の合戦で討った羽柴秀吉は天下を手中にしました。誰もが知る、歴史的事実です。しかし、なぜ光秀は天下人になれず、秀吉はなれたのか。実はここには重大な違いがあるのです。

ここまで家康の戦いをみていくなかで、彼が戦場において「武威」を示し続けたと述べてきました。武威とは、要するに、戦場において軍勢を率いて戦い、その強さを示せるかということです。その強さ、戦う姿勢で、この武将についていけば大丈夫だという、周囲の人々からの信頼を勝ち取る。それが「武威」です。

では、明智光秀は本能寺の変で「武威」を示したといえるでしょうか。答えは「否《いな》」です。不意打ちや暗殺で敵を除いたからといって、誰もついては来ません。昔、奇妙な四コママンガを読んだことがあります。信長を討った明智光秀が、なぜかハブに噛まれて死んでしまう。そのハブはマングースにやられ、マングースが天下人になる、という内容で、記憶違いのところもあるかもしれませんが、そんな話でした。このマンガはなかなか大事なポイントをついています。単に天下の所有者やライバルを亡き者にしただけでは、誰も彼を天下人とは認めないのです。

その点、主君の弔い合戦に見事、勝利した秀吉は、誰の目にも明らかな「武威」を示したことになります。そのために、信長継承競争において、圧倒的に有利な立場を得ました。信長も、その長男で後継者となるはずだった信忠も亡くなりましたが、織田家には北畠家の養子になっていた次男の信雄《のぶかつ》、神戸氏を継いでいた三男の信孝がいました。秀吉は彼らを斥《しりぞ》け、信忠の長子でわずか数え三歳の三法師を織田の当主として擁立します。信長の目指した天下をわがものにするという強い意志を示したのですが、旧織田家の家臣団の多くは、秀吉についていく姿勢を見せ始めます。特に天正十一年（一五八三）四月、ライバルである柴田勝家を倒したあと、織田信孝を自害に追い込むのですが、織田家に対する謀反人だという扱いは、政敵を除いては、受けません。

また秀吉は気前が良かったのです。武士のリーダーの条件で最も重要なことは、領地を与え、その権利を保証してくれることです。明智、柴田といったライバルを倒すたびに、その領地を気前よく分配してくれる秀吉のもとに、多くの武将が集まったのです。

そこで困ったのが家康です。家康にとって厄介だったのは、秀吉が「格下」の存在だったことです。秀吉は軽輩から成り上がった信長の家来にすぎませんが、家康は信長の同盟者でした。実態はともかく、徳川家臣団の自意識の上では家康は信長と同格なのです。簡単に秀吉に膝を屈するわけにはいきません。

もし戦わずして秀吉の軍門に降ることになったら、おそらく今は家康の支配下にある駿河や遠江、さらには三河の豪族たちの中から、秀吉のもとに走る動きが始まるでしょう。今川氏真や、末期の武田勝頼のように、戦わないリーダーには誰もついてこない。それが戦国という時代です。

家康の面白いところは、強い相手だから従う、という単純なリアリズムだけでは行動しない点です。武士の世界で通用していた正当性を行動原則に入れていました。今日でいえば、倫理・外聞面でのコンプライアンスです。その家康にしてみると、信長の家臣である秀吉の務めは、三法師でも織田信雄、信孝でも、織田の遺児たちを盛り立てていくことではないか、という理屈が成り立ちます。そこで秀吉との反目を深めた織田信雄と手を結ぶ

小牧・長久手の戦い前の勢力図

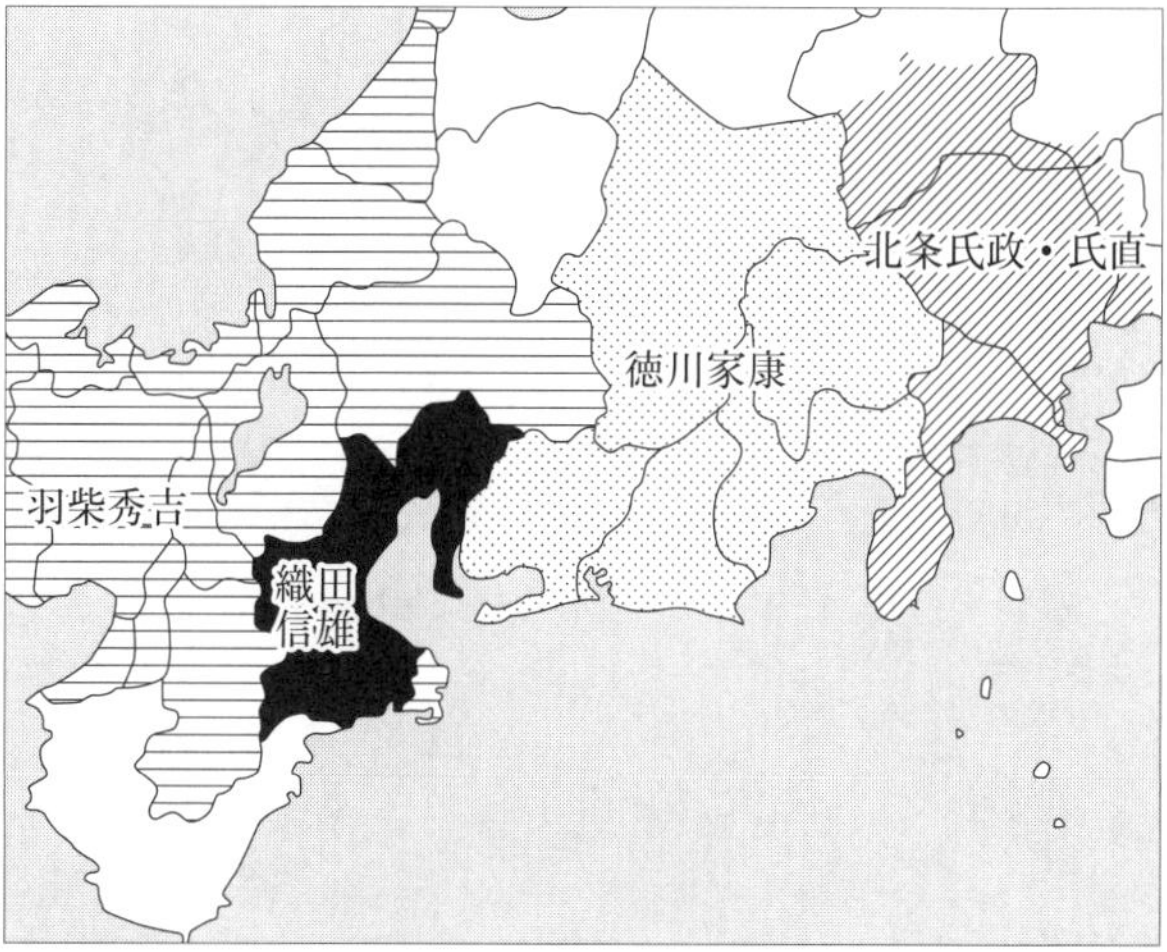

のです。

あてにならない同盟相手

とはいえ、この織田信雄はあてにならない同盟相手でした。『小牧御陣長湫《ながくて》御合戦記』という史料に出てくるエピソードですが、信雄のもとに、池田勝入《しょうにゅう》（恒興）、森長可《ながよし》、堀秀政といった秀吉方の武将たちから、「それぞれ五カ国（『大三川志』）をもらえるなら、秀吉を生け捕りにする」と言ってきた、というのです。あり得ない話ですが、信雄はこれを真に受けて、家康に「こんなことを言ってきたが、どうしようか」と相談します。家康はあきれて「そんな作り事をまことと思われるのですか。卑怯者は何の用にも立ちません」と切り捨てました。天下を取れる人とそうでない人の違いは明らかです。そもそもこんな粗雑な謀略話をまともに受け取るだけでも情報判定能力が欠如していますし、前に述べたように、「天下を取るには、誰もが認める形での武威を示さなくてはならない」という鉄則がわかっていない。これは『大三川志』などいろいろな書物に書かれており、家康を称えるための伝説ですが、後世まで、信雄とはいかにもこんな話に乗ってしまいそうな人とみられていたわけです。

一方、秀吉としては信長以来の同盟関係を維持して、家康に関東進出を任せるという方向性を持っていたのです。しかし家康が信雄と関係を深め、自分に対抗姿勢を示しているのを見過ごすわけにはいきません。また秀吉にとっても東海道は経済的な価値も高く、重要な交通路です。家康を打倒して直轄領とすれば、得るものは大きいわけです。秀吉の周りには合戦で手柄を立てて、領地を増やしたくて仕方ない子分たちがたくさん集まっていました。

これまで織田、武田といった強敵と直面し続けた家康でしたが、秀吉はそれらをも上回る、まさに最強のライバルでした。秀吉は、信長から継承した大軍団に加え、きわめて高い政治力と経済力を持っていました。大量の鉄砲、火薬を保持し、築城術、攻城術も優れていて、兵站《へいたん》の能力もずば抜けています。

武田軍は野戦や諜報は非常に強いものの、甲斐という小国が本拠だったこともあり、経済力は十分ではありませんでした。太閤検地でみると、武田の本拠地・甲斐国はおよそ二十三万石にすぎません。

また、家康と対峙した時代の織田は、まだ大国ではなく、尾張一国を押さえたばかりの中規模の国でした。だから、どこかつけ入る隙もあったのですが、秀吉は動かせる軍勢ひとつとっても、十万という途方もない規模の兵力を投入することができるのです。まさに文字通り桁違いの敵でした。

しいて秀吉の弱点を探すとすれば、その組織の巨大さゆえの問題点ということになります。もともと秀吉軍は、自前の領地や家臣を持たないところから急成長を遂げました。したがって数こそ多いものの、寄せ集めです。また高いロジスティクス能力で大軍勢を素早く移動させるのは得意でしたが、烏合の衆の一面がありますから、野戦、機動戦はそれほど上手くありません。

そのわずかな隙をいかに突くか。その見事な解答が小牧・長久手の戦いだったのです。

十二万五千対一万七千

天正十二年（一五八四）四月、小牧・長久手の戦いが起こります。このとき秀吉は「十二万五千」と宣伝された大軍勢で大坂から出陣し、犬山城を根城にして、濃尾平野に陣地をつくり、家康側を脅かしました。一方、家康・信雄軍は『官本当代記』によると一万六千から一万七千。家康は尾張の清洲城を出て、戦略眼に優れた家臣、榊原康政の進言にしたがい「濃尾平野の目」といわれる小牧山に布陣しました。信雄は尾張、伊賀、南伊勢でおよそ百万石の領主でしたが、伊賀、伊勢は秀吉の本拠地に近く、国境線に多くの番兵を配置する必要がありました。そのため、ともに戦う兵力としてはあまり期待できなかったのです。

兵力的には秀吉側の優位は歴然です。家康としては局地戦に持ち込むほかありません。そこでまず秀吉が布陣する前に前哨戦を仕掛け、緒戦で主導権を取るのですが、その後、戦線は膠着《こうちゃく》しました。そこで、家康側は盛んに物見を放ち、一撃のチャンスを狙うのです。

先に動いたのは秀吉軍でした。なにしろ大軍で、兵力が有り余っていますから、本隊で小牧山の家康軍を牽制しておいて、別動隊を繰り出し、家康の本拠地である三河に攻め込もうとしたのです。『大三川志』によると池田恒興一万二千、森長可三千、堀秀政九千、長谷川秀一が一千、そして秀吉の甥でのちに関白となる羽柴秀次一万六千で、あわせて公称「四万」以上の兵が岡崎城を目指して動き出しました。

これこそ家康が待ち望んでいた瞬間でした。小規模な部隊が大軍に勝つには、相手側がいくつかに分断され、相互の連絡が困難な状況で、短期決戦に持ち込むしかありません。その絶好のチャンスがやってきたのです。

会心の戦い

秀吉方は四万とはいえ、寄せ集めの大軍ですから、互いに連携が取れていません。一番大きい秀次軍で一万六千なので、これを家康側の全軍で襲えば、ほぼ同数の戦いに持ち込めるわけです。ただし、長引くと秀吉はせっかちだから、すぐに援軍を送って来るでしょう。すばやく別動隊を奇襲して破壊し、ただちに自軍の要塞に戻る。それが家康軍の作戦でした。

この作戦は秀吉軍の動きが手にとるようにわかっていなければ、実行できません。そこで力を発揮したのは、先述した通り、家康軍の物見でした。家康の忍びがこの戦域にちらばり、逐一、秀吉側の動きを報告しました。武田軍との戦いのなかで、偵察技術が飛躍的に向上していたのです。繰り返しますが、弱者は情報で優位に立たねば、勝ちを拾えません。

戦場が家康・信雄の領内だったことも有利に働きました。地元の農民などが秀吉軍の動きを注進してくれたのです。家康は、「別動隊の本隊である秀次軍が篠木（いまの愛知県春日井市）を出発した」という農民からの報に接しましたが、例のごとく、すぐには動きません。森長可の軍に潜ませていた服部平六という伊賀出身の偸人《とうにん》つまりは忍びから同じ情報がきたのを受け、はじめて軍を動かしました。家康は情報のクロスチェックを行ったわけです。

家康軍は相手に見つからないように、ひそかに小牧城を出発します。まずは家康が得意とする旗巻き作戦です。通常の戦の場合、高々と旗指物《はたさしもの》を掲げるのですが、それを巻いて隠しました。若い榊原康政や井伊直政らができるだけ静かに忍び出よと触れて回り、馬もあまり鳴かさないように苦心しています。また、敵陣に銃砲を発して混乱させ、秘密の出陣をカムフラージュしました。奇襲攻撃には、欺瞞《ぎまん》と秘匿《ひとく》の工作がとても大事です。

興味深いのは、家康は勝川《かちがわ》というところで鎧を身につけることです。急いで行軍するために、最初から着こまないのです。勝川という縁起のいい名前の地で鎧をつけることで、兵士たちの無意識に働きかけました。家康はこうした人の心の操作が上手いのです。このときの家康の鎧は紺糸縅《おどし》、勝ち色の鎧でした。出血したときに一番目立たないのが紺色です。紺色に近い色を勝ち色と呼んでいたのです。逆に最も危険なのが白系で、出血が目立ちます。戦場では血を流していると、あの武将は弱っていると知られ、狙われてしまいます。手負いの武者をみつけて首を取り、なるべく安全に恩賞にありつく。それが戦場のリアリズムでした。

そうして家康軍は秀吉軍の別動隊の後を追い、長久手付近でついに追いつきました。まずぶつかったのが秀次軍でした。このとき家康軍は敵の首は討ち捨てにしろという命令を出します。桶狭間の合戦での信長軍もそうでしたが、首を取っていると動きが鈍くなり、迅速な作戦の妨げになるからです。そのかわり、敵の耳や鼻を削いで、敵を討ったあかしとしました。

家康軍の強さのひとつは、敵陣の状況が判断できる優秀な物見、斥候《せっこう》の存在にありました。内藤正成や高木清秀らが斥候から戻り、「敵が崩れ始めたので、本陣を入れてくれ」、すなわち家康を守っている精鋭部隊を投入してくださいと進言します。サッカーでいうパワープレーです。ディフェンスまで攻撃に参加させて、とどめを刺す作戦です。

このとき本多正信は「それは危険だ」と反対しました。そのため、のちに「腰抜け佐渡」などと悪口を言われてしまいます。本多佐渡守正信はのちの豊臣対策や外交交渉などに辣腕《らつわん》を振るい、幕政の要となった人物ですが、戦場での判断はうまくありません。長久手の奇襲攻撃では短時間で敵陣を破壊し四散させなければなりません。守備も含め、全軍を攻撃に投入するのは当然です。本多は外交や政略はわかっても、それがわからないようでした。ただ、この逸話自体が本多を貶《おとし》めるために創作された可能性もあります。

一方、内藤や高木、渡辺守綱といった武功派は、三方ヶ原の戦いでは出撃に反対するなど、戦の進退はよくわかっています。家康も、そのあたりの戦術の勘は悪くないほうです。自分を守る旗本衆まで投入して、追撃を加えました。こういう戦場や緊急事態での判断力は生まれつきによるところが大きいものです。ある程度は、教育で補えますが、限界があります。

家康の面白いところは、家来の生まれつきの向き不向きをよく理解して活用したことです。生まれつきの適材適所をよく考えて部下を配置しなければ、ただでさえ、少数劣勢の弱者ですから、勝てるわけがないのです。

想定していた通り、別動隊の苦戦を知った秀吉は、ただちに援軍を出発させます。このとき、本多忠勝はわずか三百騎で、秀吉軍と並走し、横から鉄砲を撃ちかけて、少しでも秀吉軍の進軍の速度を落とそうとしました。このように家康は、戦がよく分かっていて、突発的な事態にもすぐ対応できる家臣たちがいて、しかも要所要所にきちんと置かれていました。長久手の戦いは、まさに家康会心の戦いだったといえるでしょう。

滅亡した武田軍からリクルートした精鋭部隊も、先手として奮戦しました。彼らからすれば、ここで手柄を立てて、家康に認められたいという思いで、非常に戦意が高かったのです。前にも述べたように、この旧武田軍の精鋭部隊を与えられたのが、井伊直政でした。先手というのはどうしても死の危険と隣合わせです。家康は、井伊直政を先手として送り出すとき、直政の手をとって、ねんごろに命令を伝え、「さらばよ」と送り出した、と『前橋酒井家聞書』に記されています。井伊直政は美少年として有名で、家康の覚えも格別だったとされています。直政は、これを見ていた家来たちに、軟弱ではないか、と諌《いさ》められたといいます。直政は「さようにても殿の仰せられ候ものを」、そうは言ってもせっかく殿が言ってくださったのだから、と答えました。

また激戦を終えて榊原康政が帰還すると、家康が「お前、生きて帰ってこれたのか。命を全うできたんだな」と声をかけています。榊原が「死を決して戦いましたが、家康公の旗を見て、死ぬのに忍びなくて、こうやってお顔を見に戻ってきました」と答えると、家康は榊原の手を取って涙を落としたと伝わっています。小牧・長久手の戦いは、家康にとって快勝ではあったが、楽勝ではなかったことを物語っています。

秀吉方は、池田恒興、森長可と二人も大名の首が取られる大敗となりました。家康の「武威」を示すのに十分な成果となったのです。

余談ですが、私の家は岡山池田家の支藩に仕えていました。池田恒興の子孫の家臣だったので、祖先の縁者が随分、この戦いで討ち死にしています。ですから「長久手合戦被害者の会」があるなら会員資格があります。この戦いのせいで、池田家には変わった風習が伝えられました。それは蕗《ふき》を食べてはいけない、というものです。長久手の戦いで、池田恒興は蕗のたくさん生えている野辺で首を取られました。そのため、池田家は縁起が悪いというので、蕗を食べなくなったのです。ところがあるとき、藩主の池田光政がこの話をしたところ、側にいた学者の一人が、「それはようございました」という。何故かと問うと、「恒興様が田んぼのなかで討ち死にしなくて良かった」と。強烈な皮肉ですね。それ以降、池田家でも蕗を食べるようになったそうです。

石川数正の出奔

局地戦には敗れたものの、秀吉の圧倒的な優勢は変わりません。その圧迫に耐えられず、天正十二年（一五八四）十一月、織田信雄は秀吉に和議を願い出ます。すでに秀吉に占領されていた伊賀と南伊勢を失い、人質も差し出します。

織田家の後継者であるべき信雄に助力する、というのが、家康の大義名分でしたから、家康も和睦を余儀なくされますが、両者の緊張関係はまだ続きます。

それが顕在化したのが、天正十三年（一五八五）、長年、家康のもとで外交担当として活躍し、西三河の旗頭も務めていた宿老、石川数正の出奔でした。秀吉との交渉も担当していた石川は、秀吉の配下となり、のちには信濃松本で十万石の大名にしてもらうのです。これには徳川家中に激震が走りました。なぜなら石川は徳川の軍事機密を知り尽くしていたからです。この石川の寝返りによって、家康は軍制を武田流に改めることになります。

石川数正をもぎ取った秀吉は、再度、家康討伐の態勢を整えていきます。忍びによる放火を想定して、濃尾平野一帯に塗屋という土蔵を建て、米俵を積み込んで、兵糧を蓄えます。さらに秀吉方には毛利、宇喜多、長宗我部が加わりました。家康側も対秀吉作戦を立案するのですが、もうどうにもなりません。まさに「どうする家康」です。

同年十一月二十八日、石川数正を取られて、まだ一カ月も経たないころ、秀吉方から上洛を促す使者がやってきます。つまり降参しろというわけです。家康は使者と激しくやり合います。「なぜ秀吉に従って京都に上る必要があるのか」と突っぱねる家康に、「拒否すると大軍で攻める」と秀吉側は脅しをかけました。それに対して、家康は「こちらにも三万から四万の兵はいる。去年、そちらの名のある武将を討ち取ったではないか」と返します。ここからが家康のすごいところです。「秀吉は怒っているだろう。だから自分は簡単に京都に上ることができないのだ」と相手にサインを送るのです（『武徳編年集成』）。さんざん強気の発言をしたうえで、秀吉に殺されるのが怖いから上洛できない、つまり秀吉が許すと約束してくれたら妥協してもいい、と匂わせました。

家康はつくづく強運の持ち主です。翌日の夜、中部地方に大地震が起きたのです。これで秀吉が濃尾平野に築いた前線基地は軒並み破壊されてしまいました。大垣城は崩壊の上、火災となり、長浜城も倒壊し、城下は火の海になりました。秀吉は明智から奪った坂本城にいたのですが、飛ぶようにして大坂に逃げ帰りました。地震の被害は、近江から尾張まで、秀吉のテリトリーのほうが甚大で、なんと、家康の領地である三河以東は大きな被害を受けませんでした。

秀吉は極端にせっかちな性格ですから、家康討伐がただちにできないとなると、家康がほのめかした宥和《ゆうわ》路線にすぐ切り替えました。妹の朝日姫を家康に嫁がせたばかりか、なんと自分の母親まで人質に出すことに決めたのです。秀吉はもともと家族への情が深く、とりわけ母親を大事にしていることは家康もよく知っていました。秀吉が母を出してくるなら、身の安全は保障されたとみていいので、天正十四年（一五八六）、家康は上洛し、秀吉に臣従する道を選びました。

ここで小牧・長久手での勝利が効いてきます。秀吉は家康を傘下に加えたものの、軍事的には勝利していません。その意味で、家康は秀吉体制のなかでも特別のポジションを占めることになりました。

秀吉の平和

天下人となった秀吉は大原則を掲げました。それは「惣無事《そうぶじ》」です。これは戦国史の研究者、藤木久志さんなどが注目した概念です（藤木久志『豊臣平和令と戦国社会』東京大学出版会）。簡単に言えば、勝手に戦争をしてはならないというものです。特に領地については現状維持を求め、国境での争いを禁じました。もし関白・秀吉の命に反して、戦争を始めた者は、軍勢を率いて討伐するわけです。秀吉は圧倒的な軍事力を背景に、「秀吉の平和」を生み出そうとしたのです。

惣無事令は、天正十三年（一五八五）十月に九州に向けて、天正十五年（一五八七）十二月に関東・東北に出されます。秀吉は、これに基づいて、島津や北条への討伐をおこなっていきました。

そこで秀吉が家康に求めたのは、関東惣無事の実現でした。具体的には北条攻めです。家康にとっては、これはなかなかつらい命令でした。というのも家康はかつて北条氏と同盟関係にあり、北条氏政の嫡男・氏直に、娘の督姫を嫁がせていたのです。

北条との交渉は難航し、ついに天正十八年（一五九〇）、秀吉は家康軍もふくむ二十二万もの軍勢を送り、北条氏の本拠、小田原城を包囲します。このときもまだ家康と織田信雄が北条に内通しているのではないか、という風説が流れていました。そこで秀吉は小姓を数人連れて、家康の陣に行き、終日、酒を飲んで帰った、と『武徳大成記』などに記されています。秀吉は信雄の陣営も訪れました。これなどはいかにも秀吉らしいやり方です。

関東転封がもたらしたもの

問題は小田原城が落ちた後です。もうすぐ落城という段階になって、秀吉側から家康に領地替えの内示がきました。いまの三河、遠江、駿河、信濃、甲斐の五カ国から、北条氏が治めていた武蔵《むさし》、相模、伊豆、上野、下野《しもつけ》、上総《かずさ》、下総《しもうさ》、常陸の関東八カ国への転封です。

このとき、徳川家中には、まだ秀吉に服属していない東北に移されるのではないか、という噂まで流れていました。家臣たちの間で根強い不安があったのです。無理もありません。家臣たちは三河や遠江や駿河に自前の領地を持っていたわけで、転封になれば、そこから引き剝がされることになるのです。本多忠勝などは怒って、関東まで飛ばされたら天下の争いに加われないではないか、と言い出しました。

これに対して、家康は何と言ったのでしょうか。この転封で石高がこれまでより百万石は増える、だからいいじゃないか、と言ったのです。兵力に置き換えると、家康の真意が分かりやすくなります。それまで家康の石高は百五十万石でしたが、おおざっぱに計算すると、百万石で四万人の兵が養え、百五十万石だと六万人になります。領地が広いので、そのうち四分の一は残しておかなければならないとすると、どうがんばっても遠征に連れていける兵力は四万人か五万人です。それに対して、秀吉は十万、二十万という規模の動員が可能です。朝鮮出兵に至っては、朝鮮半島に十四万から十五万、国内動員も入れれば、五十万人近くにのぼったとされています。せめて十万人の兵を動かせなくては安泰ではありません。関東八カ国で二百五十万石は、家康にとって必要な石高でした。

また、家康は源頼朝に強いあこがれをもっていました。鎌倉が自分の領地になる、あれだけ攻めても落ちなかった小田原城もわがものとなり、さらに開発余力の大きい関東平野も自分のものになるのです。そう考えると、この転封は悪くない話でした。

さらにいえば、家康のようなトップにとって、転封には大きなメリットがありました。

確かに家臣団にとっては祖先墳墓の地を離れるのに抵抗感がありますが、家康にはおいしい話なのです。なぜなら、引っ越し先の関東で家臣たちに与えられる土地は、すべて家康のおかげでもらえる土地なのです。家臣に対する家康の力はさらに強くなります。

一般的に、平野部は中央集権的な支配がしやすく、山間部など入り組んだ地形は分権的になりやすいものです。関東平野や信長の出た濃尾平野は集権に向いています。反対に、美濃や三河、伊賀、近江甲賀郡、安芸や四国などは地形が複雑で、平地や谷がいくつもあるので、権力分立になりやすい土地です。ヨーロッパでもフランスの平野部は中央集権が進み、地形の変化に富むドイツでは、分権的な連邦国家が形成されました。

その意味で、転封を経験すると集権化が進むので、中世的な豪族連合的な組織から、近世的な軍団への転換が起きやすいのです。そこで考えていただきたいのは、関ヶ原の合戦です。西軍の毛利、宇喜多、島津といった面々はいずれも転封を経験せず、先祖伝来の地に居続けた古めかしさを色濃く残した軍勢でした。対して、東軍の主力の斬り込み部隊になったのは、信長・秀吉にさんざん転封された織豊系の大名たち、福島正則、黒田長政、細川忠興、加藤嘉明などです。

その反面、転封のデメリットもあります。武士たちは移動しても、農民たちは移動しません。関東には、何百年も土地に根付いている北条系の土豪がたくさんいます。いくら家康が北条に娘を嫁がせ、前領主の命も助けたとはいえ、新領主である家康が、ちょっとでも領国を離れたり、統治に失敗すると、すぐに領民の武装蜂起が起きます。

そこで家康にいやがらせをしたのが、前田利家でした。利家は秀吉政権のナンバー2です。「家康とは敵々に必ずなるべく候」(『利家夜話』)とまで言っていた利家は、北条の旧家臣たちを召し抱え続けたのです。家康にとってこれほど嫌なことはありません。かれら北条の遺臣は関東に親類縁者がたくさんいますから、手紙でも書いて連携をとり、いつでも反家康暴動を起こさせる用意を、前田はしていました。

それを防ぐため、家康は関東に三河のやり方を押し付けるのではなく、北条の制度をどんどん取り入れて、北条の旧臣を家臣に取り立てました。旧来の北条のベースの上に、新制度を加えていくというやり方を取ります。そうして北条の人たちを手なずけていったのです。「強制よりも共生」というのが、徳川流なのです。弱者は他者を呑み込んで大きくなるしかありません。これも徳川の知恵であり、戦略でした。

江戸を指定した秀吉の思惑

一方、秀吉は家康を関東に移すことについてどのように考えていたのでしょうか。逸話の類であれば『朝野旧聞裒藁《ちようやきゆうぶんほうこう》』にあります。家康を関東に置くか、あるいは京都の伏見に留めて見張っておくか、どちらが秀吉にとって安心なのか、と尋ねられた秀吉が、それは関東の方が安心だ、と答えたという話です。伏見に留め置いたのでは、人質に取られているようなもので、家康はわしを恨むだろう。関東に置くと互いに遠慮があっていい距離なのだ、と述べた後、面白い発言が記されています。

「大名のうちに誰かが逆心を起こして、この太閤を殺したとしても、家康は関東にあって次を狙っているから、わしが光秀を討ったのと同様、ただちにやってきて、その大名をやっつけるだろう。逆に、家康を殺す者が出てきたら、そいつはこの太閤に討たれる。だから、太閤を殺す者も、家康を狙う者もあらわれないのだ。家康と太閤が心を合わせて、日本はおろか、唐、高麗より攻めてきても、連中にうまい働きはさせないよ」

　西に秀吉、東に家康と分かれていることが、謀反の抑止になるというわけです。これを信じるかどうかですが、家康と秀吉の関係のある側面をあらわしているといえるでしょう。

　さらに秀吉は、家康の本拠地として江戸を指定しました。『岩淵夜話別集』によると、家康の家臣の間では十人中七、八人は小田原だろうと思っていたようです。残りの二、三人は鎌倉だろうと予想していました。ところが家康が秀吉に尋ねたところ「江戸だ」と言われ、手を打って「これはいかに」と驚いた、とされます。

　なぜ江戸なのでしょうか。秀吉にとって重要なのは、いざというとき家康が軍勢を船に乗せ、自分のために軍役を務めてくれることです。江戸は関東の物資を集積し、船で大坂方面に運ぶのにも便利です。この時期、秀吉の頭にあるのは大陸出兵です。関東の米を大坂、さらには肥前名護屋城まで送れなくてはなりません。江戸は関東の水路網の中心です。豊臣のためのロジスティクスの拠点として、江戸は秀吉に選ばれたとみるべきでしょう。

そう考えると、ほかの候補地、たとえば鎌倉は論外です。町自体が狭くなります。交通の便が悪く、積み出し港にも向かない地形です。鎌倉三代将軍の実朝は、ここで、大陸にも行ける大船を建造して出航に失敗しています。しかも武士の棟梁を象徴する場所なので、そこに家康を置くわけにはいきません。小田原も湾内ではなく外洋に面していて、波の高い砂浜です。あまりいい港ではありません。また城が難攻不落の名城過ぎて、秀吉の目指す「勝手に戦争をしない世界」に反します。

家康にとって江戸が良かったのは、城を築く際に土地を有効利用できたことです。これも『岩淵夜話別集』にありますが、〈江戸じゅうにて本田のつぶれは少しばかりにて、大方は野方、入海をもって事済みなり〉、丘陵地帯の谷や海を埋め立てて、敷地を作れたので、水田をあまり潰さなくて済んだのです。

秀吉政権の「家老」として

では、いよいよポスト秀吉をめぐる争い、すなわち家康の天下人への道について述べたいと思います。

秀吉政権は、実は、古い戦国大名の家中に似た基本構造をもっていました。戦国大名の家中は軍団によって形成されています。だいたい重役である家老たちに大きな軍団を与え、国境の地域に配置する。そして家中のことはこの重臣会議で話し合って決めるのです（笠谷和比古『士（サムライ）の思想　日本型組織と個人の自立』ちくま学芸文庫）。

この方式を、秀吉は自分の政権で踏襲しました。徳川家康、前田利家、毛利輝元、上杉景勝、宇喜多秀家という五人の大人《おとな》、年寄衆に、巨大な軍団と巨大な城を与え、辺境に配置したのです。天下人たる秀吉のスケールに比例して、彼ら五人に与えられた領地、兵力も桁外れのものになりました。その筆頭が言うまでもなく二百五十万石を超える家康です。それに続く毛利、上杉は百二十万石台ですから、二人合わせてやっと徳川と並ぶわけです。

秀吉はこれに、のちに五奉行と呼ばれる石田三成、浅野長政、増田《ました》長盛、長束《なつか》正家、前田玄以《げんい》といった事務方の子飼いの家臣たちを組み合わせます。しかし、この制度は、家康たちライバルの大大名（重役）の合議体に豊臣家の重要事項の決定権を与えるものです。これは豊臣家の永続を考えれば、やってはならない制度設計です。秀吉が生きているうちは、重役たちの上に、全てを超越する最高決定者＝秀吉が存在するので問題ありませんが、秀吉の死後も彼ら重役が豊臣家の後継者を支え続ける保証はありません。

実はこれは織田政権でも同様で、信長というカリスマがいなくなってしまえば、重役の合議体は自立した大きな軍団を持った武将たちの集まりになってしまいました。結局、清洲会議のように分け取り合戦になり、織田家は崩壊しました。その清洲会議を、自ら主導して天下を奪ったのは秀吉です。秀吉はライバルの重役に任せる合議体の弊害を身をもって知っていたにもかかわらず、変えようとしませんでした。不思議です。秀吉はお人よしで、家康や前田利家を信用していたのでしょうか。あるいは、自分の子ではない可能性のある秀頼を本気で守る気がなかったのか、とまで疑ってしまいます。

そこに朝鮮出兵という大失敗が重なりました。そもそも朝鮮が明までの道案内をしてくれるというあり得ない前提で攻め込んだのです。もちろん朝鮮は明と一緒になって抵抗してきました。大前提が壊れても、秀吉は大陸出兵を続けました。配下の大名たちにとっては苦でしかありません。苛烈な軍役を課され、領地は少しも増えないのです。

この間、家康は「もう止めましょう」と秀吉を止める立場を取りました。これで大名たちの家康への信頼、期待、求心力は増していきました。

しかし、家康は秀吉に罰せられるほどには、止めません。

このあたりから家康は「相手が勝てると思いこむように誘導し、罠にはめる」という、ちょっといやらしい弱者の戦略をとりはじめた感があります。のちに狸おやじと呼ばれたのは、そのせいでしょう。タヌキは寝たふりをして人をだますと信じられていました。

秀吉の強みは領土拡張主義で家来に夢をもたせるところです。また、秀吉は土木建築を行わせる名人なのも強みです。家臣愛、肉親愛が強いのも長所です。しかし、家康はこれをじっとみて、これが秀吉の弱点になり、罠にはまるのを待ちました。

秀吉が拡張主義者の悪癖で、大陸を侵略し、失敗してくれれば、家康にとってはチャンスです。さらに、慶長伏見大地震のあと、建築名人の秀吉は「木幡山《こはたやま》伏見城を作る」といいだしました。当然、朝鮮への出兵で疲れ果てた豊臣系大名たちの不満は高まりました。

また、秀吉は肉親愛が強いので、可愛さあまって憎さ百倍になる欠点もありました。秀吉は情が深いことで、人の心をつかむのに成功しましたが、情はもろ刃です。感情に走って、甥の秀次を一族丸ごと虐殺しました。秀次の側近たちも殺しました。秀頼は、自分の子と信じることにしよう。秀吉は疑いながらも、きっと、そう決めたのでしょう。石田三成ら秀吉の奉行衆には、そのほうが、秀頼後継のほうが都合がいいのです。秀次の時代になれば、秀次の側近が権力を持ちます。そうなれば、三成らはお払い箱です。その三成らの路線に乗って、老いた秀吉はミスを繰り返したのでしょう。オウンゴールを繰り返した秀吉の豊臣政権は求心力が落ちていき、それに反比例して、家康への求心力が高まりました。

そのなかで、前田利家や石田三成などは家康を暗殺できないかと考えるようになりました。しかし、これも先の展望のない話です。前にも述べましたが、暗殺だけでは天下は取れません。前田利家の場合、子の利長の闘争能力に懸念がありました。家康を殺せたとして、その後予想される徳川家との戦いに、息子と家臣は耐えられるのか。利家は病の床で、それを考えたのでしょう。結局、家康暗殺は実行されませんでした。

崩壊への序曲

秀吉は、甥の秀次を関白にしておきながら、関係をどんどん悪化させました。秀次が文禄四年（一五九五）に謀反の疑いをかけられ自害すると、妻妾など三十九人もが公開処刑に科せられたのです。これは秀吉への求心力を決定的に低下させました。ことに秀次のもとに娘を嫁がせた最上義光《よしあき》などは完全に豊臣家から心が離れました。大名の娘たちも、赤ん坊まで処刑され、京都の三条河原に、畜生塚と名付けられた一つの穴に埋められたのです。最上の娘は東北一の美少女と噂されていましたが、関白秀次の側室に差し出したら、数え十五歳で牛車の上に乗せられ、市中引き回しの上に殺されてしまいました。そのショックで最上の妻も十四日後に命を落としてしまいます。これで秀吉を恨まないはずがありません。

　こうした秀吉政権の末期の姿を露《あら》わにしてしまったのが、文禄五年（一五九六）閏七月の夜に起きた慶長伏見大地震でした。このとき秀吉は伏見城にいたのですが、天守閣の二階部分が揺り落とされるほどの激震でした。秀吉が庭に逃げ出して震えていたところ、真っ先に駆け付けたのは、細川忠興でした。しかし、手ぶらで来ており役にも立ちません。実は、この日、明の使節の応接に備えて、選りすぐりの美女が伏見城に集められていました。彼女たちのいた長屋が地震で潰れ、「助けて！」と叫ぶ中を、細川は素通りせざるを得ず、太閤秀吉のもとにお見舞いに来たのです。その点、次に来た加藤清正は偉いものでした。足軽二百人に梃子《てこ》を持たせて来て、救出作業を始めました。

このとき、家康も伏見にいました。家臣の中に圧死者が出ましたが、家康は無事でした。そこに馬に乗って訪ねてきたのが最上義光だったのです。最上は「今は物騒だから、秀吉のところに見舞いに行かないほうがいい。万一のことがあったら、自分がそばにいる」と語ります。次に来た南部利直にいたっては「太閤は崩れた建物から出てこられなかったんじゃないか。日本のためだ」と言い放ったと伝えられます。

家康は、秀吉に疑われても困るので、翌朝、伏見城に向かいます。すると石田三成以下五奉行がそろって、家康に待ったをかけ、二人の供の者を残して、あとは追い返されました。ようやく家康が邸内に入ると、そこには前田利家がなんの誰何《すいか》もなく通され、秀頼を抱きかかえていました。つまり地震によって、いまの秀吉政権の真の人間関係が露わになっていたわけです（磯田道史『天災から日本史を読みなおす』中公新書）。

ポスト秀吉の政権構想

慶長三年（一五九八）八月十八日、豊臣秀吉はその六十年あまりの生涯を閉じます。秀吉の念頭にあった死後の政権構想は、東の旗頭を徳川が、西の旗頭を毛利が務め、前田利家が大坂城に入って秀頼を後見する、というものでした。秀吉が死んだあと、家康には、半ば人質として伏見城に入ってもらい、隠居状態になって、徳川家も秀忠たちに世代交代するというのが、秀吉の理想だったでしょう。

死を前にして秀吉は大老たちを呼び寄せ、誓約書を書かせています。自分と同じように秀頼に仕えよとして、決して、「表裏別心」して裏切ることのないよう念を押しています。さらに勝手に婚姻を結ぶな、断りなく領国に帰るな、といった具体的な指示を下しています。

しかし、前にも述べたように、秀吉政権で実際に決定権を持たされているのは家康に代表される重臣会議なのです。秀吉が死去してしまうと、家康は豊臣のくびきから脱しようと画策し始めました。手始めとして、家康は重臣会議に諮《はか》らず伊達政宗、福島正則、蜂須《はちす》賀《か》家政といった大名たちと婚姻関係を結びます。これはもちろん、あえて許可を取らずに三成たち奉行衆の反応をみようとした政治的行為です。

決定的だったのは、慶長四年（一五九九）閏三月三日、秀吉の死から半年あまりで、前田利家が亡くなったことでした。その直後、石田三成の大坂屋敷が襲われる事件が起きています。襲撃に加わったのは、加藤清正、福島正則、黒田長政、細川忠興、浅野幸長《よしなが》、蜂須賀家政、藤堂高虎といった、いずれも家康と仲がよく、朝鮮出兵で石田三成に煮え湯を飲まされた武将たちでした（宮本義己「豊臣政権崩壊の謎」）。三成は事前に察知して、難を逃れます。そして家康は筆頭家老として、七武将と三成の仲裁に入るのです。政権内の家康の立場はますます重いものになりました。

さらに家康は、まず前田利家の後継者である利長に、謀反の嫌疑をかけ、屈伏させます。前にも述べた通り、前田は秀頼の後見人として、豊臣政権を支える要となるはずでした。それが母であるまつ（利家の正室）を人質に差し出すなど、早々に家康に屈してしまいます。

そこで焦ったのが残りの三大老、毛利、宇喜多、上杉でした。このままでは自分たちも前田同様、家康の支配下に置かれてしまうとの懸念をつのらせるなか、家康は上杉の新城建設などを問題にします。その交渉中、家老・直江兼続が送ったいわゆる「直江状」が家康の逆鱗《げきりん》に触れ、慶長五年（一六〇〇）六月、上杉討伐が開始されるのです。この「直江状」、一時は偽物説が唱えられましたが、笠谷和比古氏の研究などによって、後世の改竄《かいざん》が含まれる可能性はあるが、本物説が有力となっています。このあたりの政治過程については、笠谷和比古『論争 関ヶ原合戦』（新潮選書）が最新の学説を踏まえた基本文献になります。

ここで大事なのは、この上杉討伐は、豊臣公儀の正当な武力行使として決定されたものだったことです。あくまで家康は豊臣家の家老として、慶長五年六月十六日、大坂城を出発します。これが関ヶ原の合戦へと展開していきます。

小早川秀秋は裏切ったのか？

これを好機とみたのが石田三成とその盟友、大谷吉継《よしつぐ》でした。留守を狙って、反家康の旗をあげると、大老の毛利輝元、宇喜多秀家もこれに加わります。慶長五年（一六〇〇）七月、毛利輝元は挙兵の誘いを受けるや、すぐに船に飛び乗って、広島から大坂入りします。当時、大坂城には秀頼がいる本丸の天守閣の横に、家康が秀吉の死後に建てた西の丸の天守閣がありました。輝元は西の丸一帯を制圧し、家康の家来たちを追い出して、秀頼をお守りする筆頭家老の座につきます。

こうして関ヶ原へと動き出すのですが、家康はすでに吉川《きっかわ》広家、小早川秀秋といった毛利一族の武将たちの抱き込みも完了していました。これまで小早川といえば、関ヶ原で東軍に寝返った裏切り者だとされてきたのですが、ここでよく考えていただきたいのです。行動をともにしていた人が突然、敵対するのが裏切りですが、小早川軍の動きを検証すると、最初からいわゆる西軍とは別行動をとっていて、松尾山で石田三成に近い勢力を追い出して、陣を構えています。三成も、これはまずいというので、小早川を抑制するために、松尾山のふもとに布陣しています。はたして、これを裏切りといえるのでしょうか。

　そもそも小早川秀秋が徳川方に味方することは、東軍のかなり末端の兵士まで知っていた可能性があります。というのは、板坂卜斎《いたさかぼくさい》という家康の侍医が書き残したものに、浜松を過ぎて浜名湖畔の白須賀まできたとき、筑前中納言のお使いの者が来ていた、と記されています。筑前国の権中納言は小早川秀秋です。小早川が、おおっぴらに使者を送り、家康側と連絡を取っていたことは、お医者さんでもみているほどです。徳川軍の兵はおろか、宿場の人たちや石田側の間者だって知らなかったとは思えません。

　しかし、家康にも誤算がありました。徳川の別動隊を任せた秀忠がやって来ないのです。本当は秀忠と合流し、圧倒的多数をもって勝利を決するはずが、秀忠隊の到着はかなり遅れそうだという報が入りました。

　そこに家康陣営にとって恐ろしい情報が次々に入ってきます。秀吉から「東の本多忠勝、西の立花宗茂」と称えられた立花宗茂の軍が関ヶ原に向かってきそうだ、というのです。立花軍は「早合」という技術で、日本一速い鉄砲の速射を行っていた、と後世の書物にあります（『常山紀談』立花家足軽鉄砲の用意）。さらに舞鶴方面からも順次後詰が加わって、このまま数日が経過すると石田陣営は万の単位で、兵士が増える可能性がありました。そうなると、吉川や小早川も、徳川に内応すると約束していますが、どっちに転ぶか分からなくなります。そこで、家康は決戦に踏み切ることにしたのでしょう。それは慶長五年九月十五日のことでした。

　このように、関ヶ原だけをみていても、なかなか合戦の実相は見えてきません。広範なエリアで、さまざまな兵力が動いていく中で、戦いの帰趨が決まっていったのです。関ヶ原の合戦については、笠谷和比古『関ヶ原合戦』（講談社学術文庫）など多くの本が出されていて、参考になります。

なぜ豊臣家を滅ぼしたのか

関ヶ原の合戦に勝利した家康は、敵対した大名の領国を押さえ、徳川方の武将たちに分配します。土地の分配こそ、武士の棟梁として最も重要な仕事です。この時点で、家康は天下人となりました。

しかし、この段階でも豊臣家と家康との主従関係は切れていません。笠谷和比古氏は「二重公儀体制」と呼んでいますが、家康の公儀と秀頼の公儀が並立した状態になっていました。秀頼の公儀のなかでは、家康は豊臣政権筆頭家老です。正月には豊臣家に挨拶に行くという武家社会の慣習的義務がまだ残っていたのです。

ここから脱却するために、家康が選んだのは征夷大将軍となることでした。慶長八年（一六〇三）二月、征夷大将軍に就任、源氏長者にもなり、源頼朝や足利尊氏のように武家の棟梁となりました。官職も右大臣に登りました。秀頼はまだ若く、内大臣ですから、官職でも家康が上に立ちました。こうして豊臣との主従関係は清算されていき、家康は自分の天下を確立していったのです。

家康は、豊臣系の大名たちに江戸の開発や、江戸城、名古屋城をはじめとする城の天下普請を命じました。かつて秀吉の家臣として命じられた様々な軍役、労役を、今度は自分が主君になって、大名たちに課しました。家康は新しい武家社会の力関係を土木工事で可視化したのです。

　では、なぜ家康は豊臣家を滅ぼさなくてはならなかったのでしょうか。家康は獲った天下を自分一代で終わらせず、永続きさせたかったがゆえに、豊臣家を滅ぼしたのでしょう。秀忠以下まで徳川幕府の基を盤石《ばんじゃく》なものにしたかったため、と考えられます。

　征夷大将軍の地位を、さっさと子の秀忠に譲ったのは、そのあらわれでしょう。慶長十年（一六〇五）、家康は将軍の座を自ら退き、秀忠を二代将軍とします。これによって、将軍職は徳川家の世襲であると示したわけです。そう考えると、大坂冬の陣、夏の陣で、豊臣家を攻め滅ぼした理由も見えてきます。

　二代将軍となった徳川秀忠ですが、彼には決定的に欠けているものがありました。それは「武威」です。関ヶ原の合戦は、若き秀忠の武威を示す格好の舞台のはずでした。しかし、小豪族の真田氏に翻弄され、合戦に間に合わず、見ようによっては恥を天下にさらした形になりました。二代将軍・秀忠が大名たちを総動員して、天下の名城である大坂城を攻め、豊臣家を滅ぼせば、秀忠の「武威」を天下に示せます。この豊臣滅亡プロジェクトを取り仕切ったのが、政略に長けた本多正信でした。

　この大坂冬の陣、夏の陣もけっして簡単な戦ではありませんでした。冬の陣では、あの巨大な城に九万人もの兵力で立てこもられ、結局、落とすことはできませんでした。そこで和睦を結んで、堀を埋め立てて、ようやく夏の陣で落城させるのですが、最後の豊臣方の突撃は非常に強力で、家康の本陣近くにまで攻め込まれるなど、危うい場面もありました。しかし、冬の陣二十万、夏の陣十五万五千を大動員する「天下人の戦」によって、徳川家は最後のライバルを葬ったのです。

駿河で取り組んだ外交と文化事業

秀忠に将軍を譲った家康は、駿府城に巨大な天守閣を築いて、新しい居城としました。そして大御所として実権をふるうのですが、駿府に移ってから家康が熱心に取り組んだ事業が、外交と文化、とりわけ出版事業でした。

まず外交からみていきましょう。宣教師たちを積極的に保護した信長、海外雄飛の野望にとりつかれた秀吉に比べると、家康には内政重視、内向きのイメージがあります。しかし、家康ほど多くの国と外交交渉を行った戦国大名はいないのではないでしょうか。明との国交回復を試み、朝鮮とは講和を成立させます。浦賀を港としてスペインとの国交をはかり、オランダと正式に外交関係を結びます。そのほか、安南、シャム、カンボジアといった東南アジアにも国書を送り、スペイン領のメキシコとも貿易を開始しました。イギリス人ウィリアム・アダムス（三浦按針）とオランダ人ヤン・ヨーステンを外交顧問とし、彼らと、北海道をさらに北上し北極海航路で欧州に行けるのではないか、という話まで交わすようになります（フレデリック・クレインス『ウィリアム・アダムス　家康に愛された男・三浦按針』ちくま新書）。大御所時代の駿河は、朝鮮、オランダ、イギリス、スペインなどから使者が訪れる外交拠点となりました。

　大御所時代の家康は、メキシコの鉛でできた鉛筆で書き、スペイン国王から贈られた時計で時間を計っています。舶来の眼鏡、望遠鏡も使う、ハイカラな人でもあったのです。

　もうひとつ、家康が晩年、駿河で取り組んだのが文化事業でした。

　たとえば唐の太宗が、治世において重要な言葉を『論語』や『史記』『漢書』などから抜き書きさせた書に『群書治《ぐんしょち》要《よう》』があります。家康は、金地《こんち》院崇伝《いんすうでん》、林羅山《はやしらざん》といった僧侶、学者に命じて校訂させ、京都からわざわざ職人を招いて銅の活字を鋳造させて、駿府城三の丸で印刷させました。これを「駿河版」といって、日本最古の古活字版のひとつです。この『群書治要』は中国本国では失われてしまい、のちに日本から逆輸入されて、今に伝わっているのです。

鎌倉幕府の歴史を記した『吾妻鏡』も、原本は散逸してしまいました。それを数巻だけとか、断片的な写本などを集めて再構成した集成本がもとになって、今も読まれているのですが、なかでも最も有名な「北条本」は、家康が集め、復元したものなのです。武士の棟梁として頼朝を尊敬していた家康は、書物から、その言行を学び、自らの統治に生かそうとしたのでしょう。

また蔵書家として知られた武将に直江兼続がいます。直江は朝鮮出兵の際にも肥前名護屋城で三百冊の医学書を筆写させ、朝鮮半島で『漢書』を収集して日本に持ち帰るなど、膨大なコレクションを有していました（磯田道史『感染症の日本史』文春新書）。家康は、かつては敵対した直江に声をかけ、ともに史料の収集、編纂事業を進めています。あるとき、なぜ直江のような敵を助けるのかと尋ねられた家康は、もし直江のような家老クラスを処刑したら、大名の家臣たちの中に、次は自分かもしれないと考え、主君に離反をそそのかす者が出てくるに違いない、と答えたという逸話が残されています。直江でも許され、ともに文化事業を行うことは、徳川政権が続く限り、安心な生存が保証されるというメッセージでもあったのです。

中国の古典に、「馬上天下を得るとも、馬上で天下を治むるを得ず」という言葉があります。軍事力で天下を取れても、力だけでは天下を治めることはできない。これは駿河時代の家康にふさわしい言葉でしょう。

弱者が強者になった時こそ、暴力的な強さ以外の価値や仕掛けへの接近が必要になります。天皇の権威を組み込むことなども、この段階で、家康がとった戦略です。武士は鉄に似ています。強くて、物が切れます。釘にも刀にもなります。しかし、鉄が鉄のままでは、誰も有難がりません。一方、金はフニャフニャで、鉄のように実用の役には立ちません。しかし、金は希少です。皆が美しい貴《とうと》いと憧れます。教養のある天皇や公家は金のようなものです。鉄の武士はメッキして金の力を借りるのが、最強になれる秘訣です。家康はそれを看破していました。弱者・家康がたどりついた最後の戦略は「文化」の重視でした。

天下人たちの死生観

最後に信長、秀吉、家康の死生観がよくあらわれている言葉を見ていきましょう。

織田信長が好んだとされる歌に、「死なうは一定、しのび草には何をしよぞ、一定かたり遺すよの」があります。人は誰でも死ぬものだ、生きているうちに何をするか、人は語り残してくれるだろう、生きているうちに語り草になるようなことをやるべきだ、というわけです。有名な「人間五十年、下天の内をくらぶれば、ゆめ幻のごとくなり」も同様で、自分が死んだらそれまでなんだ、ということです。生物は個体単位で消滅するとみる信長の人生観がうかがえます。

　秀吉の辞世は有名で、「露と落ち露と消えにし我が身かな浪速《なにわ》のことも夢のまた夢」、やはり消えていくことがテーマになっています。まさに一代で天下をとっても、死んだらすべて夢のようなものだ、と詠んでいます。ここには、自分の死後も豊臣家が続いて、日本を支配するヴィジョンは感じられません。秀吉の天下は、秀吉一代の夢で、大坂城築城のような即物的な大プロジェクトが彼の人生の誇りであったことがわかります。やはり、秀吉も信長と同じ「消える人生観」です。

　そこで家康です。比較のため、とりあえず、辞世とされてきたものを分析してみましょう。これが家康の辞世であるというより、家康はこういう和歌を詠む人物と考えられていた、という視点でみてください。「先に行くあとに残るも同じこと連れていけぬを別れとぞ思ふ」、これは殉死を思いとどまらせる歌です。死後に残された人にポイントが置かれていて、自分がいなくなっても徳川の世を続けよ、というメッセージになっています。自分の死後にも世界は続き、死にゆく自分は永続することが想定されています。そのため、あの世に、家来を連れて行く行かないの話になっています。

実は家康の辞世はもうひとつあるとされます。「嬉しやと再び覚めて一眠り浮世の夢は暁《あかつき》の空」（『東照宮御実紀』）。目が再び覚めて、うれしいな、またひと眠りする。現世で見た夢は、また東から世を照らす日が昇ってくる空だった。なんとも、のんきな辞世です。つまり、自分は目覚める朝の太陽だ、消えることはないかも、とほのめかしているわけです。消える信長、秀吉に対して、家康的世界観では「再醒」あるいは「再生」する。再び目を覚ますのです。家康は消えない、永続の世界観です。

家康は静岡の久能山という断崖絶壁に、自分の遺体を安置させますが、神君は死後もふっと目覚めるように、家を守る、といったふうに考えられていたのでしょう。

それは大きな時代の転換でした。信長、秀吉は、いつも命がけの日々でした。自分の考えで、どこまで人々を動かせるか、それが日本を超えてどこまで広げられるかという夢を追いました。家康はそうではありません。家の永続、誰もが棲み分けによって生きていける世の中をつくろうとしました。江戸時代、天下万民は家意識をもちはじめます。そして武士にも農民にも「生きかはり死にかはりして打つ田かな」（村上鬼城）といった家永続の世界観がひろがります。はかない個人が夢を求めて闘争を繰り返す戦国時代は、家康によって消去されました。家康がかかげた「個人の安心」と「家の永続」こそが、まさに、天下万民の望むところとなっていきました。だからこそ、徳川の世は二百六十年も続いたのでしょう。

磯田道史（いそだ みちふみ）

1970年岡山県生まれ。慶應義塾大学大学院文学研究科博士課程修了。博士（史学）。国際日本文化研究センター教授。著書に『感染症の日本史』（文春新書）、『無私の日本人』（文春文庫）、『日本史を暴く』（中公新書）、『武士の家計簿』（新潮新書）、『近世大名家臣団の社会構造』（文春学藝ライブラリー）など多数。

文春新書

1389

徳川家康《とくがわいえやす》　弱者《じやくしや》の戦略《せんりやく》

2023年2月20日　第1刷発行
2023年3月15日　第3刷発行

著　者　　磯田道史
発行者　　大松芳男
発行所　株式会社　文藝春秋

〒102-8008　東京都千代田区紀尾井町3-23
電話（03）3265-1211（代表）

印刷所　　理想社
付物印刷　大日本印刷
製本所　　大口製本

定価はカバーに表示してあります。
万一、落丁・乱丁の場合は小社製作部宛お送り下さい。
送料小社負担でお取替え致します。

ISBN978-4-16-661389-2